TESTIGO
PRESENCIAL

UNA SOCIEDAD OPRESIVA
VISTA DESDE DENTRO

I0084906

LIBROS

BWD
Una Biblioteca para el Mundo
por Tammy Condon

TESTIGO PRESENCIAL
Una Sociedad Opresiva Vista desde Dentro
por Gusztinné Tulipán Mária

JUNTOS, LADO A LADO
Nuestro Servicio a la Gente de Cactus, Texas
por Jenni Monteblanco

LOS MURSI
Alcancemos a los Todavía No Alcanzados de Etiopía
por Howie Shute

TESTIGO PRESENCIAL

UNA SOCIEDAD OPRESIVA VISTA DESDE DENTRO

POR

GUSZTINNÉ TULIPÁN MÁRIA

Misiones Nazarenas Internacionales

Dedicatoria

A todos los testigos de Cristo, los cuales "no valoraron tanto su vida como para evitar la muerte" (Apocalipsis 12:11, NVI).

A papá y mamá, quienes se atrevieron a amar, a creer y a testificar; quienes entendieron que el sufrimiento es parte del seguir a Cristo; y a quienes les ha agradado contar sus historias a los hijos, a los nietos y ahora a los bisnietos.

Reconocimiento

Gracias especiales al presbítero Juan Haines por leer mi manuscrito y hacer gentiles sugerencias para mejorarlo. Por haber servido como nuestro primer superintendente de distrito, nos conoce bien y valoramos su valiosa amistad y el que nos haya servido de mentor a lo largo de los años.

Índice de Contenido

Sobre la Autora

Gusztinné Tulipán Mária[1] está casada con Gusztin Imre. Imre y Mária son egresados del European Nazarene College (EuNC) en Busingen, Alemania, lugar donde entendieron el mensaje de la herencia wesleyana y la santidad. En 1996, y después de sus estudios, la familia Gusztin regresó a Hungría para ser parte de los trabajos de apertura de la misión nazarena en el país. Mária e Imre han participado en la fundación de iglesias. Mária tiene un corazón por la educación teológica, y la pasión de Imre está en el área de la publicación. Mária e Imre sirven como copastores de la Iglesia del Nazareno de Budapest. Mária es una de los líderes del centro de aprendizaje de Budapest del EuNC y vicepresidenta de la Alianza Wesleyana de Hungría, de la que la Iglesia del Nazareno es un miembro fundador. Imre sirve como el superintendente de distrito para Hungría.

Los Gusztin tienen un hijo, Rudolf, quien es musicólogo en el Instituto de Musicología de la Academia Húngara de Ciencias en Budapest, y es muy activo como líder de adoración y alabanzas en la Iglesia del Nazareno de Budapest. Es presidente de la JNI de distrito de Hungría y posee una licencia de ministro de distrito.

Toda la familia disfruta del cocinar y experimentar con nuevas recetas. Escapar de la ciudad y adentrarse en la naturaleza les es esencial; las colinas de Buda son un lugar preferido para visitar. El senderismo ha sido siempre una actividad preferida de la familia, y su nueva afición es la caminata nórdica. Los Gusztin también disfrutan del visitar pueblos pequeños en los que pasan el día "respirando con el pueblo", comiendo su comida, yendo a su mercado, y orando por el lugar.

NOTA

Celebramos el hecho de que la Iglesia del Nazareno sea una iglesia global. Con esto en mente, usted podrá notar que la ortografía, la puntuación, las medidas y el uso de palabras puede que difieran del lugar donde usted vive. Hay que recordar el trasfondo húngaro europeo de Mária. [Nota del Traductor: En esta versión castellana del libro también hemos respetado la ortografía húngara de "Mária", con tilde en la primera "a", por entender que es la preferencia de la autora.]

Prefacio

Hay lectores que puede que no conozcan mucho sobre Hungría y su historia. Un rápido vistazo a los capítulos principales de la historia mundial me permitirá agrupar algunos ejemplos relacionados con la geografía de Hungría (pasada y presente) y del pueblo húngaro:

- **El Imperio Romano:** Los romanos llegaron hasta la parte occidental de Hungría, la parte del Imperio Romano llamada Panonia. Estuvo bajo el dominio de los emperadores romanos a partir del 35 a.C. hasta el 49 d.C. y era una floreciente provincia romana a partir del siglo I de nuestra era. Los hunos forzaron a los romanos a retirarse del área después del 395 d.C.

- **La Llegada a la Europa Central:** Los primeros húngaros llegaron de la parte norte del mar Negro a la Europa Central en el siglo IX. Alrededor del 900 d.C., siete tribus magiares, la población dominante de Hungría proveniente de Asia Central, conquistaron la cuenca de los Cárpatos, según la teoría extensamente aceptada.

- **El Cristianismo:** En el 1000 d.C., el cristianismo fue aceptado por Esteban I, el primer rey húngaro, tras lo cual el obispo Gellert, el primer misionero de Roma, llegaría para enseñar al pueblo el cristianismo. Aunque su viaje de misión terminó en una muerte cruel, la misión no terminaría. La mayoría de los húngaros se harían cristianos en el siglo XI. En la frontera más oriental, los húngaros siguieron el cristianismo occidental o catolicismo. Más allá de ese punto, se seguirían las tradiciones ortodoxas orientales.

- **El Imperio Otomano:** En la Edad Media, Hungría era un poder político influyente hasta que perdiera una batalla decisiva contra el Imperio Otomano (turco) en 1526. Esto marcó el principio de 150 años de dominio turco. Dos tercios del país fueron ocupados por los turcos. El islamismo no fue forzado por los colonos musulmanes; los otomanos practicaron una relativa gracia religiosa. Hungría se mantuvo en luchas continuas con los turcos y fue vista como una frontera de protección de la Europa cristiana contra la invasión musulmana.

- **La Reforma:** Los comerciantes alemanes llevaron consigo las ideas evangélicas del Sacro Imperio Romano, trayéndolas primero a los ciudadanos de habla alemana. Esto también incluía las creencias protestantes entregadas por la gente que estudiaba en el monasterio en Wittenberg, Alemania, en donde Martín Lutero comenzó la Reforma Protestante. El anterior territorio húngaro era la línea más al oriente hasta donde la Reforma alcanzaba, lo que la hacía de nuevo una línea fronteriza dentro de Europa.

- **La Era de los Habsburgo:** Los Habsburgo liberaron Hungría de los otomanos, pero la integraron como parte de su imperio. Así como los húngaros habían luchado contra los otomanos por la independencia, ahora lo harían contra los Habsburgo. Era otro imperio, otra opresión, y otra era de luchas libertarias. La última rebelión a mediados del siglo XIX, la que causó que casi cada familia noble perdiera a uno de sus miembros en la lucha, terminó con un tratado que creaba el Imperio Austrohúngaro.

Ahí comenzó un período de florecimiento económico y cultural. El húngaro se hizo la lengua oficial y la reforma de la lengua tuvo lugar.

- **La Era de las Guerras:** La Primera Guerra Mundial y la Segunda Guerra Mundial causaron estragos en Hungría. Después de la Primera Guerra Mundial, el Tratado de Trianón de 1920 alteró el contorno de Hungría, eliminando dos tercios de los territorios del país. Después de la Segunda Guerra Mundial, que incluyó una breve ocupación alemana, Hungría fue otra vez oprimida.

- **La Era Comunista:** Como en siglos anteriores, la libertad tuvo un precio alto. El poder que liberó el país se quedó para oprimirlo, con bases militares del Ejército Rojo en todo el país. Hungría se convirtió otra vez un país de línea fronteriza; ¿o era un puente? Hungría era las más occidentalizada de los estados del Bloque Soviético (del Este). Se iniciaron luchas libertarias por estudiantes universitarios. El levantamiento de 1956 fue derrotado con la ayuda de los tanques soviéticos. Como consecuencia, 200,000 personas salieron del país vía Austria, 3,000 personas murieron durante la lucha, y más que 100,000 personas sufrieron la represalia. En 1968, una reforma económica reservada llevó al desarrollo económico, el que fue eventualmente detenido por los líderes soviéticos. El clima de 40 años de comunismo dio lugar a la deshumanización, a deportaciones, al ateísmo y a que la gente se volviera sospechosa de vecinos y de miembros de la familia. Al mismo tiempo, algunos pastores colaboraban con la policía, sirviendo de informantes los unos de los otros. Todavía hoy la gente lucha por recuperarse de las penurias de ese tiempo y por obtener de nuevo la confianza perdida.

- **Los Cambios:** Con la frase "después de los cambios", los húngaros aluden al tiempo después de los 40 años de dominio comunista y de la Cortina de Hierro, que fueron los cambios que ocurrieron en los años 90. Los húngaros se enorgullecen de que su país iniciara "el principio del fin" del Muro de Berlín. Así como Hungría había sido tantas veces en su historia frontera entre el Este y Oeste, ahora se convertía en puente resistiendo las potencias mundiales y siendo los primeros en permitir que personas cruzaran del Este al Oeste a través de sus fronteras.

Como con cualquier pueblo nativo, las cicatrices de la historia permanecen por largo tiempo y se llevan profundamente. Los acuerdos de paz se alcanzan a un alto precio. Si usted permanece el

Hungría según la dividió el tratado de Trianón en 1920.

Hungría en el presente

14

tiempo suficiente con una familia húngara, sacarán un mapa de la más grande Hungría, mostrándoselo y contándole relatos de cómo la historia afectó enormemente la familia. Puede que le hablen de activos confiscados, oportunidades perdidas en la educación y en las carreras profesionales, y de familias destruidas cuando sus miembros emigraron al Oeste por temor al castigo por haber sido partícipes de movimientos libertarios y levantamientos. Puede que escuche sus lamentos sobre decisiones incorrectas y el castigo severo de otras naciones después de las guerras. La historia de Hungría es una llena de luchas por territorio, por libertad y por las invasiones de otros. Con todo, la cultura y la lengua han permanecido; incluso han venido a ser tesoros aún más fuertemente protegidos como identidad húngara.

- **El Idioma:** El idioma es totalmente diferente de los idiomas germánicos y eslavos. No pertenece a los idiomas indoeuropeos, sino a la así llamada familia de lenguas urálicas.[2] Hay 24 idiomas hablados en la Unión Europea; el húngaro es uno de ellos.[3]

  - La antigua escritura húngara (escrita de la derecha hacia la izquierda) se ve así: ᛏᚷᛟᛊᛗᚴᛏᛞᛉᛈᚦᚱ

  - Y el moderno teclado húngaro se ve así:

  - El nombre de nuestro idioma y grupo étnico como nación es "magiar". Otros idiomas llaman "húngaros" a

    los magiares como un derivado del grupo nativo Huno.

- **La Misión:** Como pueblo nativo pagano, los húngaros conocieron al Dios del cristianismo a través de la migración. Una vez la nueva fe fue declarada, el rey y el pueblo fueron bautizados, pasaron por la relación cambiante entre el estado y la iglesia, y experimentaron la reforma de la iglesia como el resto de Europa. Nuestros antepasados paganos perseguían y mataban a los misioneros. Posteriormente, los cristianos húngaros serían oprimidos, perseguidos o maltratados de una u otra manera por poderes no cristianos o incluso por otras naciones cristianas. La más reciente prueba para la iglesia fue durante la dictadura comunista cuando las iglesias tuvieron que firmar un acuerdo de cooperación con el gobierno. Todo el trabajo y el personal de la iglesia estaba bajo el control del Partido Comunista. Después de los cambios de los años 90, se adoptó la modalidad de "una iglesia libre en un estado libre". La iglesia se está recuperando y necesita confesar el papel que desempeñó. Si traicionó al pueblo, necesita recuperar su confianza, olvidar el lenguaje hostil del pasado y recuperar el deseo por la predicación y la misión del evangelio. Debe volver a aprender cómo conducir las misiones y a encontrar los medios y la estrategia para hacerlo.

Debido a su ubicación geográfica, Hungría ha sido invadida constantemente a través de su historia. Su ubicación entre la Europa oriental y la occidental dio lugar a que fuera una encrucijada de migración y de poder, como es también el caso con la situación actual de los refugiados.

Los húngaros han sobrevivido hasta el presente por la misericordia de Dios. Hungría es una nación que ciertamente desea vivir, pero deberá seguir volviéndose a Dios y a su misión. La misión podrá tomar la forma de una frontera en algunas ocasiones, o de un puente en otras. Ojalá que nuestra nación —con su tan desoladora historia— se convierta en puente para todo el que cruce nuestro país en el futuro. Pueden ser viajeros que busquen un lugar, como lo hicimos nosotros una vez, u opresores que piensen que tienen el poder de hacer cuanto quieran. Para ellos, ¡que Hungría se convierta en un puente de la muerte a la vida, de la esclavitud a la libertad —la libertad que solamente puede encontrarse en Cristo!

CAPÍTULO 1

1968: Una Perspectiva Misional

Nací en 1968:

- En un país comunista, y bajo la *opresión* de una recién emergente "legión romana" que ahora vivía en barracones militares en nuestras ciudades.
- En la República Popular Húngara, viviendo junto a *odiosos extranjeros,* aquellos opresores a los que se nos enseñaba llamar "hermanos", "amigos", y "aliados". Eran las tropas del Ejército Rojo de "liberación".
- En una era en la que teníamos numerosos enemigos, perseguidores que querían *destruirnos, matarnos y amenazarnos.*
- **Nací en un hogar cristiano cuando los cristianos eran perseguidos y la "libertad" era relativa y era víctima de gran sufrimiento.**

Pero permítame presentarme otra vez.

19

Nací *después* de que terminaran dos guerras mundiales:

- *Después* de que nuestros antepasados lucharan por la libertad en la Revolución Húngara de 1956, después de la temible era del totalitarismo comunista de Rákosi, donde el gobierno controlaba cada aspecto de nuestras vidas y la oposición era suprimida.
- En un comunismo gulash[4] que, aunque todavía comunismo, se le solía llamar "los barracones más felices del campo socialista". (Eso sí, seguían siendo barracas.)
- En el tiempo en que la policía secreta no era *tan brutal* como antes y en que las restricciones de expresión y movimiento disminuyeron.
- En el año en que comenzó una reforma económica y cultural, dando paso a una especie de economía de mercado y a vidas relativamente prósperas. ("Prósperas" en el sentido de que no había que esperar [no había que "hacer fila"] para adquirir comestibles; se tenía una lista de compras con una o dos opciones por artículo.)
- En un período en que vi al "enemigo" desconcertado por el poder de Dios y a perseguidores que encontraban a Cristo y se convertían en colosales evangelistas.
- **Cuando ocurrió un avivamiento y fui *testigo presencial* de grandes eventos.**

Dependiendo de cómo me haya presentado, lo que está leyendo puede que haya evocado en usted compasión, simpatía, reconocimiento u otras emociones.

La historia de un testigo es la interpretación de la obra de Dios en nuestro tiempo y entre nosotros; es traer el pasado al presente. Charles R. Swindoll dice que la vida es 10 por ciento lo que le sucede a uno y 90 por ciento cómo uno reacciona. Déjeme reformular ese pensamiento: la vida es 10 por ciento lo que le sucede a uno y 90 por ciento cómo uno interpreta y relata repetidas veces la historia.

Relatar de nuevo nuestras historias se convierte en parte de las narraciones o de las historias de la salvación para la generación próxima. Hay instrucciones específicas sobre cómo necesitamos recordar, repetir y relatar de nuevo nuestras historias. La historia de Israel puede ser una historia de aciertos o una historia de infortunios, dependiendo del testigo que la narra y de cómo el lector la interpreta.

No me agradan los relatos de éxito compuestos de exageraciones optimistas. Dado mi trasfondo, tal cosa es propaganda, incluso si fuera propaganda de misión y para un propósito santo. Tales adornos no son fuentes de fe y estímulo. Si algo no es la verdad, no pasa de ser una historia humana de gran colorido.

Pero tampoco me agradan las historias autocompasivas; hacen que otros nos compadezcan y generan excusas para el que las relata. Todavía más, se les escapa la faceta de la salvación: fe, milagros, Dios en acción.

Me agrada lo complejo de lo feo y de lo bueno juntos, atribuyendo nuestras vidas a Dios y descubriendo el toque de su mano en todo. No hay nada que esté fuera de la historia de Dios. Así que… la historia de mi vida es lo feo y lo hermoso: lo hermoso que brilla a través de lo feo. Y los dos parecen de alguna manera conectarse.

¿La verdad? ¿La realidad? ¿Qué son? Ambos conceptos se han vuelto complejos en un mundo donde se inventan realidades y verdades paralelas. Ya conocemos quién es la Verdad; no debemos inventar mundos y realidades aparte de quién es Él.

La misión es recordar y relatar de nuevo la historia de Dios mientras participamos plenamente en su actual realidad. Hacemos esto relatando de nuevo lo que ha sido, separando el presente del pasado, y aprendiendo a pensar, sentir y comportarnos como resultado de lo que descubrimos. El pasado es la herramienta de un profeta, una herramienta de interpretación. Mis reflexiones de las acciones pasadas de Dios me ayudan a entender ahora los actuales eventos y la misión de Dios.

En el Antiguo Testamento, Dios es un Dios que recuerda: recuerda quiénes somos, cómo se relaciona con nosotros, y lo que ha prometido. Dios también nos llama a recordar sus actos en la historia. Es interesante el que generalmente nos guíe a recordar tiempos de esclavitud y de exilio, los tiempos difíciles. Los libros de Salmos reflejan una historia, la interpretación de la humanidad desde la perspectiva de Dios.

¿Por qué se nos llama a recordar los tiempos difíciles y a no ignorarlas? ¿Por qué debemos edificar monumentos o colocar piedras de conmemoración? Puede que ahora no construyamos monumentos de piedra como se hacía en el Antiguo Testamento. Nuestros monumentos puede que vengan bajo la forma de libros de la MNI sobre las misiones. Y hoy, no tenemos únicamente las 12 tribus; los libros se traducen a numerosos idiomas representados por la Iglesia del Nazareno.

En el Nuevo Testamento, Cristo nos ordena a recordar. Conecta el hacer memoria con un acto de mesa (volveré al "acto de mesa" a lo largo de este libro). El Espíritu Santo nos ayuda en el acto importante de la conmemoración, lo cual se convierte en un estímulo para el presente. En el Antiguo Testamento, Dios era muy particular en cuanto a qué y cómo su pueblo debía recordar su narrativa. No recordar —o recordar mal— lleva a la pérdida de memoria en cuanto a quién es Dios, lo que Cristo ha hecho, y cómo el Espíritu Santo se mueve. Y esto lleva al desaliento, a la desesperación, a la pérdida de pasión por la misión, y a la falta de unidad. El acercamiento humano a nuestras diferencias podría substituir a Aquél que nos mantiene juntos. Podríamos olvidar los actos de Dios entre nosotros tanto en la historia humana como en la historia nazarena. Estamos en peligro de volvernos sordos a su voz y de olvidar el propósito de la misión.

Nuestra misión comenzó con unos pescadores. desafortunadamente, algunas personas han tomado esto como queriendo decir que pueden exagerar "lo grande del pescado que han pescado" (o cuántos, en este caso). Podríamos llamarlo "el síndrome del pescado grande". Para aquellos a quienes servimos de mentores, es importante que nuestras historias de misión y nuestras metas de misión no sean distorsionadas por motivo alguno. ¿Cómo podemos ser dignos de confianza si las historias que repetimos no son verdades? Según el relato de los 12 espías que entraron a Canaán la primera vez,[5] 10 exageraron la situación y Dios no lo apreció en lo absoluto.

Se nos anima a mirar al pasado y a recordar: "… [tenemos] en derredor nuestro tan grande nube de testigos…"[6] Aquellos de nosotros que damos testimonio tenemos dos conjuntos de espectadores: los que han testimoniado en el pasado con su sangre y sacrificio, los cuales son parte de la "nube de testigos", y los espectadores del presente, la gente alrededor nuestro que nos observan mientras corremos.

Somos la historia de Dios para los jóvenes (y a veces para los no tan jóvenes) que nos observan. ¿Qué ven? ¿Qué historia de misión estamos viviendo en este momento?

Como niña, fui una *testigo presencial*. Lo que sigue es la narración de algunas historias y mis reflexiones sobre ellas: vistazos al pasado que me hizo lo que soy hoy y cómo interpreto el mundo. Cómo otros actuaban delante de mí se convirtió en mi fuente de aliento para permanecer fiel al Dios que continúa actuando en nuestra historia.

¿Qué recordarán los testigos presenciales de mi vida y que relatos repetirán? ¿Los animará mi vida a permanecer fiel a Dios? ¿Será la historia de Dios en mi vida un estímulo para *mis testigos presenciales?*

Hay una serie de guías del viajero llamada *Eyewitness Travel Guides* [Guías de Viaje para Testigos Presenciales]. Su antiguo lema era, "Las guías que le muestran lo que otros solamente le cuentan: La manera del testigo presencial de ver el mundo". En los capítulos siguientes usted leerá mis reflexiones como *testigo presencial* de la acción de Dios en nuestra historia. Puedo guiarle a través de mis historias, pero oro que Dios utilice este libro para ayudarlo —dentro de su propia vida, su tiempo y su lugar— a ver el mundo como un *testigo presencial*.

ACTÚE

- Considere lo siguiente: ¿Son mis historias las historias verdaderas del evangelio, o estoy manipulando mi testimonio para hacerme ver mejor a la vista de los demás?
- Busque oportunidades de contar su historia de vida a alguien (amigos, familiares, congregación). Sea un "buen espía" de esta "tierra" para ellos; tendrán que tomar decisiones en el presente basado en sus últimas historias de Dios.

CAPÍTULO 2

LA VEZ QUE RECIBIMOS
SOPA CREMA INSTANTÁNEA

No teníamos la más mínima idea de dónde había venido la dádiva en aquellos años 70. Quizá lo que ahora escribo sea mi respuesta tardía, pero una respuesta es siempre útil:

Sí, todos los paquetes de sopa crema al instante llegaron sin problema a nuestra cocina. Quisiéramos expresar nuestro agradecimiento por los paquetes de ropa, comida y juguetes, y especialmente por los libros. Para ser honesta, los libros en húngaro nos ayudaron más que ninguna otra cosa ya que no hablábamos ni inglés, ni alemán, ni sueco, ni holandés. Nuestras disculpas.

Mi primer Biblia fue una Biblia azul de contrabando, la cual todavía atesoro. Usted sabe que algunas personas tienen una lista de sus héroes bíblicos en el orden en que quieren conocerlos en cielo. (Conjeturo que incluso nuestros planes para el cielo son en algo

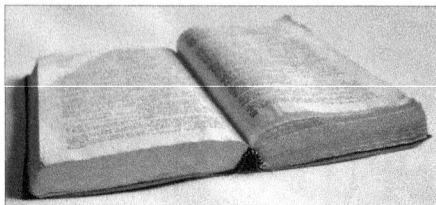
La Biblia azul que Mária recibió de contrabando.

afectados por el fenómeno de la celebridad.) Aquellos de nosotros que tendemos a pensar en las preguntas más desafiantes podríamos querer preguntarles a figuras bíblicas clave: "¿Por qué cometiste ese primer pecado?" o "¿Sabías que tuvimos que trabajar malamente, sufrir malamente y morir malamente?"

Quisiera conocer a mi "proveedor de biblias" (también conocido como "contrabandista de biblias") en cielo y decirle:

Gracias por pasar de contrabando mi primer Biblia. ¿Qué consecuencias sufriste? ¿Sufriste algún castigo? ¿Qué tuviste que sacrificar para conseguir esas biblias, para mí y para otros? Por favor, debes saber que todo valió la pena. Y por favor, debes saber que seguí tu ejemplo y pasé de contrabando biblias a través de fronteras a otras personas de habla húngara.

También necesito informarte sobre los paquetes de sopa instantánea que me enviaste. Honestamente, los odiamos. Verás, nosotros acostumbrábamos a preparar todo lo que comíamos —hierbas, verduras, fruta— fresco, del jardín. El polvo entre blanquecino y amarillento y seco que enviaste nos era desconocido. La sopa en polvo era un concepto duro de digerir.

Aunque no las comimos, pusimos los paquetes en nuestros estantes de cocina como una muestra de amor. Había alguien que estaba pensando en nosotros y orando para nosotros. Sí dimos gracias por algunos de los otros deliciosos artículos que nos enviaste. Nos agradaron y los comimos con gratitud. Los comimos, aunque ya no los recuerdo. Pero la sopa instantánea que no comimos, esa sí que la recuerdo. No era comestible, con todo era un símbolo precioso de amor. Necesito, pues, decirte que, aunque nunca gustamos de las sopas en paquetitos que nos enviaste, tu amor significaba mucho. Nos sentimos alegres y lo considerábamos evidencia de que el Reino es fuerte y está en acción.

Un paquete de sopa instantánea puede ser una muestra de amor, un mensaje que dice, "Estamos orando por ti; sabemos de tu sufrimiento y de tu fe". Es un "mensaje en paquetitos" de que hay cristianos "más allá del muro" que saben de nosotros. ¡Qué gran fuente de aliento nos fue!

Todos incurrimos en equivocaciones. Hoy esperamos que la gente esté más informada, sea más culturalmente sensible, y esté mejor enterada de los mejores métodos. ¡Y eso es magnífico! Por ejemplo, hoy esperaríamos que nuestros constituyentes pudieran leer información que dijera, "No envíen sopa empaquetada a un país como Hungría en donde la gente cocina sopa fresca casi cada día. La sopa hecha en casa les es de gran estima".

Con todo, equivocaciones en las que uno incurre en amor pueden ser cambiadas por Dios. Si algo se da y se recibe en fe y amor, será fuente de fortaleza y de ánimo… lo que incluye un paquetito de sopa crema al instante.

Aunque que ahora tengo biblias más bonitas, biblias con comentarios, mi primer Biblia tiene el más vívido comentario de una vida que se vivía con Dios, dependiente en Él. Los apuntes al margen en esa Biblia son lecciones nacidas de situaciones de vida experimentadas de primera mano. Reflejan no sólo buena información, sino también temor, lágrimas, amenazas de vida, dolor físico y los milagros. Mi Biblia azul tiene comentarios permanentes, añadidos uno por uno a medida crecí. Las biblias tienen una variedad de títulos; mi Biblia azul se podría llamar "Biblia con mis comentarios de la vida".

Me han dicho siempre a quién odiar: qué grupo, que nación. Me es demasiado fastidioso pensar que, según el modo de ver del mundo, habrá siempre una nación, un grupo de personas a la que deba estar programada para odiar. A los pueblos les gusta odiar otros pueblos nativos. Y estas no-tan-buenas-nuevas de a quién odiar se ha diseminado entre los cristianos y por los cristianos.

¿Pero quién me dirá a quién amar? Oigo diversos mensajes incluso dentro de la iglesia:

- Ame a su prójimo; odie a su enemigo.
- Ame a su prójimo; ore por su enemigo y perdónelo.

Si vivimos en un mundo donde los "caminos romanos" nos conectan otra vez vía cables ópticos y antenas parabólicas, utilicemos esas conexiones para las misiones, como lo hicieron nuestros antepasados. Y si debemos amar a nuestro prójimo y orar por nuestros enemigos, hemos de participar en actividades como esas en favor de las misiones.

Una de las tradiciones en mi iglesia local es el domingo mensual de la MNI. Cada mes, la iglesia elige un país para estudio. Los países con obra nazarena están primeros en la lista; después añadimos los países en los cuales no se tiene información de que haya presencia nazarena. (Respecto a esas áreas, oramos en favor de un posible trabajo subterráneo o por misiones futuras en ellos.)

Cada familia busca una receta del país, prepara la comida, y la trae para un almuerzo compartido después del culto, continuando con una tarde de misiones. El almuerzo de las misiones comienza con descripciones de comidas que nos son desconocidas, y después comemos.

La persona que se haya apuntado para representar a la gente de un país dado ofrece una presentación de 10 a 15 minutos sobre ese país, su gente, la obra nazarena y las peticiones de oración de esa área. Luego oramos por la obra de Dios en el lugar. El sitio web de la MNI[7] es de gran ayuda; también trae buenos resultados darles una ojeada a las noticias del Centro de Ministerio Global[8] y a las revistas misioneras.[9] Sin embargo, el contacto directo con los distritos apropiados se ha vuelto una manera simple pero significativa de aprender sobre ellos y de enviarles mensajes cortos: "Hemos oído de su fe. Hay cristianos y nazarenos que corren la carrera con usted y que oran para usted".

Los nazarenos de varios países incluso nos han enviado recetas por razón de sus domingos de misiones y también historias, saludos y testimonios. Una vez el Distrito de Holanda nos envió peticiones significativas y detalladas de oración sobre eventos en su distrito. En varias ocasiones hemos enviado a los distritos fotos de la comida, y de la iglesia compartiendo la comida de sus países. Uno de esos distritos les transmitió nuestra respuesta a los pastores del distrito y nos envió copia del mensaje: "La Iglesia de Budapest oró por nosotros el pasado domingo". Algunas de esas iglesias contestaron diciendo que la comida parecía auténtica.

Si estuviéramos sentados juntos a la mesa, compartiríamos el pan juntos, comeríamos comidas de todas las culturas, y recordaríamos las historias de cada uno. Es difícil odiar, ignorar, desdeñar o mirar en menos a otros cuando uno se sienta a la mesa con ellos. Hay países a donde no podemos enviar ni siquiera algo tan pequeño como un paquetito de sopa instantánea. Sin embargo, en esos pueblos a cuyos países no podemos entrar, es posible sentarnos la mesa con ellos. Podemos actuar en fe y compartir la mesa: "Un Cuerpo, un Espíritu, una Esperanza, un Señor, una Fe". Ése es el hermoso lema para la Asamblea General de 2017 de la Iglesia del Nazareno.

No debemos traer a la mesa un espíritu de división. Ninguna *persona* puede gobernar en esta mesa; no es *nuestra* mesa. Somos invitados, incluso cuando se nos haya pedido servir la mesa.

Reviso nuestro calendario de los domingos de la MNI y veo tantos países con los que "ya hemos comido, sentándonos a su mesa". Sin embargo, podemos anticipar más de estos buenos domingos. Después de todo, tenemos la enorme tarea de compartir la mesa con todas las áreas del mundo donde la Iglesia del Nazareno tiene presencia o con todos los países en donde Dios tiene misión.

¿Por qué no nos familiarizamos con lo que significa "compartir el pan en la mesa"? Si lo hacemos, en caso de que el mundo se fragmentara otra vez, y si las cortinas de hierro, los cordones policiales, las vallas de frontera y los "muros de Berlín" se volvieran a erigir —virtualmente, físicamente, ideológicamente, doctrinalmente o políticamente— estaremos listos. Si tuviéramos que hacerle frente al odio iniciado por gobiernos o incluso por líderes religiosos, estaremos familiarizados con la comida de cada uno y con sus historias por haber aprendido los uno de los otros a lo largo de los años. Todavía permaneceremos sentados a una sola mesa y sin división: "Un Cuerpo, un Espíritu, una Esperanza, un Señor, una Fe".

ACTÚE

- Aprenda acerca de las misiones. No permanezca ignorante, pero tampoco se satisfaga con sólo pensar en las misiones (haciéndose muy bien informado). También necesitamos hacer misiones; la misión requiere acción. No tema incurrir en equivocaciones en hacer misiones, sino que participe en las misiones en amor y por fe.

- Comparta su mesa con alguien en el nombre de Cristo:
  - Una vez al mes, prepare pastelillos de dulce de algún país señalado para el tiempo de compañerismo de la iglesia, y haga una oración por la gente de ese país durante el tiempo del culto.
  - Cueza un pan que sea común a un pueblo nativo y comparta el pan de esa nación con su familia. Recuerden que Cristo murió por ellos; le pertenecen. Piensen en ellos como si fuera la respuesta a un Cristo que les pide que preparen la mesa del país anfitrión, y recuérdense a ustedes mismos que son huéspedes del otro grupo, sea prójimo o enemigo. Mientras estén en la mesa, discutan el concepto de Henri Nouwen de hospitalidad según lo referimos a continuación:
    - La hospitalidad… significa sobre todo la creación de un espacio libre en donde el extraño pueda entrar y hacerse un amigo en vez de un enemigo. La hospitalidad no es cambiar a las personas, sino ofrecerles un espacio donde el cambio pueda ocurrir. No es poner hombres y mujeres de nuestro lado, sino ofrecerles una libertad que no sea

perturbada por líneas divisorias. No es poner a nuestro prójimo contra una esquina, donde no le queden alternativas, sino abrirle una amplia gama de opciones para su escogimiento y compromiso. No es una intimidación educada con base en los buenos libros, las buenas historias y las buenas obras, sino la liberación de corazones temerosos que permita que las palabras encuentren raíces y lleven amplio fruto. No es un método que haga de nuestro Dios y de nuestra manera los criterios de la felicidad, sino la oportunidad para que otros encuentren su Dios y su manera. La paradoja de la hospitalidad es que ella quiera crear un vacío, pero un vacío amistoso donde los extraños puedan entrar y descubrirse a sí mismos como personas creadas libres; libres para cantar sus propias canciones, hablar sus propios idiomas, bailar sus propias danzas; libres también para salir y seguir tras sus propias vocaciones. La hospitalidad no es una invitación sutil a adoptar un estilo de vida como el del anfitrión, sino el don de una oportunidad para que el huésped encuentre el suyo.[10]

- ¿Cómo puede usted ofrecer un espacio donde el cambio pueda ocurrir?
- ¿Cómo puede usted proporcionar las oportunidades para que otros "encuentren su Dios y su manera"?
- ¿Cómo debe usted orar por los que pueda considerar "enemigos"?
  - Hay países a los que no podemos entrar con el evangelio, donde es difícil enviar recursos cristianos —libros, finanzas, misioneros y transmisiones— de forma convencional. ¿Cómo podemos entrar en comunión con ellos cuando no

les conocemos? Comencemos "preparándoles la mesa" en nuestras iglesias, como si estuviéramos sentados juntos y orando por ellos.

Únaseme a la Mesa

Anteriormente, usted leyó mi nota expresando las gracias por la Biblia y las sopas instantáneas. Quisiera proporcionar a cambio un poco de "sopa en papel": una receta —ahora enviada desde un país de libre comunicación. Si usted está interesado en "comer en nuestra mesa", no vacile en utilizarla; y al unirse a nosotros, recuérdenos en oración. ¡Disfrute de nuestra hospitalidad!

Sopa crema de melocotón (durazno) o de fresa

Sopa fría de fruta para un caluroso verano —favorita de los superintendentes de distrito nazarenos

Ingredientes de la sopa de melocotón (durazno):

1 kilogramo (2.2 libras) de melocotones;
2 litros (8.5 tazas) de leche;
2 decilitros (6.75 onzas líquidas) crema batida;
20 gramos (4 cucharadillas) de azúcar de vainilla;[11]
2 – 3 cucharadas de azúcar regular
Crema batida
Almendras cortadas

Preparación:

1. Corte 0.5 kilogramos (1 libra) de melocotones.
2. Mezcle los melocotones con 1.5 litros (6.25 tazas) de leche.
3. Añada la crema y continúe mezclando.

4. Añada el azúcar de vainilla y el azúcar regular.
5. Añada la leche restante.
6. Corte y añada el resto de los melocotones.
7. Enfríese antes de servir.
8. Sirva con crema batida y almendras, o con helado de vainilla.

Ingredientes de la sopa de fresa:

800 gramos (1.75 libras) de fresas (frescas o congeladas);

30 gramos (2 cucharadas) de azúcar de vainilla;

3 decilitros (10 onzas líquidas) de leche batida;

1 litro (4.25 tazas) de leche (fresca es mejor);

5 cucharadas de azúcar regular

Preparación:

1. Ponga en la licuadora 600 gramos (1.3 libras) de fresas (frescas o congeladas, pero descongeladas), el azúcar regular, el azúcar de vainilla y un poco de leche.
2. Mezcle lentamente, para que la fruta mezcle bien con los otros ingredientes.
3. Añada la crema y mezcle por un minuto para espesar la sopa.
4. Añada la leche restante.
5. Vierta la sopa en el cuenco de servir y añada la fruta restante, tajada.
6. Refrigere la sopa por un mínimo de 30 minutos.
7. Sirva la crema batida y las almendras cortadas en cuencos en la mesa. Los comensales pueden aderezar la sopa según sus preferencias.
8. Opción: Sirva helado de vainilla y fruta fresca adicional para ingredientes extra en la sopa. El helado le dará un gusto más

como de vainilla y la hará más espesa y más rica.

Variación: Esta receta es buena con otras bayas, con frutas del bosque mezcladas (una mezcla de cualquier baya roja/azul/negra) y melocotones. Con algunas frutas como las guindas, las manzanas, las peras y las grosellas espinosas, cocinamos las frutas de antemano, añadiendo canela, clavo y jugo de limón al gusto. Después de que se cocine la fruta, enfríese, y después hágala según la receta.

Hay más recetas disponibles en el apéndice, en la página 165.

CAPÍTULO 3

EL MURO DE LOS VICTIMARIOS

En historias de persecución hay por lo menos dos conjuntos de jugadores —los perseguidos y los perseguidores. En Budapest, Hungría, hay un museo sobre el comunismo y el nazismo: la Casa del Terror. Al entrar al museo, usted ve un muro enorme cubierto de retratos: el Muro de las Víctimas. Todos murieron. En el sótano de la Casa del Terror hay otro muro cubierta de fotos: el Muro de los Victimarios. Algunas de estas personas todavía están vivas. El museo está en la avenida Andrassy, es propiedad del Patrimonio Mundial,[12] y se encuentra en lo que fueron las jefaturas del Partido Nazi de Hungría (también llamado el Partido de la Cruz Flechada). Las instalaciones más adelante sirvieron como las jefaturas para la Autoridad de Protección del Estado (la fuerza policial secreta); el sótano era una prisión, una cámara de tortura, y un lugar de ejecución durante el régimen comunista hasta el 1956. Ahora la Casa del Terror es un lugar de conmemoración con dos enormes muros —uno para las víctimas y otro para los victimarios.

Las misiones tienen que ver con el que aprendamos los unos de los otros. Un grupo anima a otro con oración y ofrendas; el otro grupo habla de lecciones que se aprenden del sufrimiento. Todos nosotros tenemos necesidad de aprender a vivir en libertad; sin embargo, usted puede aprender de nosotros a cómo vivir dentro de la falta de libertad. El apóstol Pablo declaró la importancia de vivir por la fe en los extremos de la vida: "He aprendido a contentarme, cualquiera que sea mi situación. Sé vivir humildemente, y sé tener abundancia; en todo y por todo estoy enseñado, así para estar saciado como para tener hambre, así para tener abundancia como para padecer necesidad. Todo lo puedo en Cristo que me fortalece".[13] "Que nos enseñemos unos a otros en la libertad y en exilio" es una lección que todos necesitamos aprender. Ninguna nación puede estar segura de lo que su futuro aguarda; necesitamos estar listos.

Estoy segura de que la gente alrededor del mundo se preguntaba qué había detrás de la Cortina de Hierro. Algunos de

Apenas un pequeño segmento del Muro de las Víctimas
en la Casa del Terror en Budapest.

ustedes pueden haberse preguntado, "¿Qué hay detrás de esas cercas que nos separa, cercas creadas por gobiernos, por nuestros propios temores, y por diferencias religiosas?" Todos nosotros éramos gente separada, y se nos enseñaba que los "otros" eran nuestros enemigos, y que nos eran una amenaza.

Cuando reflexiono sobre la vida detrás de la Cortina de Hierro, recuerdo que **soñaba y esperaba**…

De niña, pensaba del mundo como un gran lugar dividido en dos partes, una en donde los cristianos podían adorar libremente, y la otra en donde no podían. Como hijos, en casa jugábamos a menudo a "la iglesia", y envidiábamos a algunos de ustedes. Creía en dos lugares perfectos: el cielo como el lugar perfecto "en el más allá", y el otro lugar —al otro lado de la Cortina de Hierro— como un mundo grande y libre: un mundo grande, libre, *perfecto*. Bien, todavía creo que uno de ellos es perfecto.

Detrás de las caras, hay sueños, esperanzas, envidias y anhelos. Algunos de *nosotros* somos los soñadores, y algunos de ustedes son objetos de esos sueños.

¿Qué más había detrás de la Cortina de Hierro del pasado, y qué más hay detrás de las cercas de hoy? Había **mucho temor**. Hoy, cuando oro por los que están siendo perseguidos, se me recuerda del temor y de la paz aparentemente poco realista que pueden existir al mismo tiempo. Su temor, mi temor. Mi paz, su paz.

En aquellos días, el propósito detrás de todo era engañar, aterrorizar, degradar, deshumanizar y antagonizar. Era una realidad basada en el temor.

Cuando era niña, tras la llegada casi mensualmente del "coche negro grande", se me hacía entrar apresuradamente a la casa y se me instruía que me mantuviera callada. A mi padre se le llevaría, para devolverlo generalmente algunas horas más tarde. Sin embargo, nunca podíamos estar seguros, siendo que lo arrestaban a menudo durante sus viajes y lo retenían a veces por varios días. Todavía recuerdo la sensación indescriptible que me embargaba cuando papá desaparecía por varios días.

Mi niñez era un tiempo y un lugar en donde la persecución se componía de mentiras, de secretos, de odio y de temor.

Una de las más grandes lecciones aprendidas fue la de "la experiencia con nuestros perseguidores antes de la Pascua de Resurrección". Los cristianos me enseñaron a manejar el temor, incluso yo de niña.

Era la noche del jueves de la Semana Santa y la iglesia se había reunido para estudio bíblico y un breve servicio. Los policías armados interrumpieron el servicio. Mi padre les explicó que teníamos permiso para reunirnos dentro de las cuatro paredes para los cultos. ("Solamente" nos prohibían *convertir* personas; teníamos la libertad de ir a la iglesia, pero esa "libertad" tenía un "precio", como, por ejemplo, perder oportunidades de trabajo y educativas, o tener que mudarse a menudo.) Mi padre les pidió a los policías que tomaran asiento o que regresaran al final del servicio. Los intrusos no utilizaron la oportunidad para aprender de la Biblia, sino que tan pronto como papá dijo "Amén", ahí estaban en la puerta.

Era la hora para un irregular aviso: los policías le ordenaron a todo el mundo que permaneciera donde estaban. Resultaba asustadizo para nosotros los hijos, pero nos dejábamos llevar por los adultos. (Conjeturo que era el momento cuando la escuela dominical para hijos *realmente* comenzaba: "Niños, ¿qué debemos hacer cuando tenemos temor?")

Vino la orden de la policía: "Todos saldrán de la iglesia uno por uno, dando su nombre y dirección completa". Todos sabíamos que cualquier persona que proporcionaba esa información podía ser llevada en cualquier momento. No era infrecuente que personas "desaparecieran" cuando las autoridades tomaban un interés tan estrecho en ellas. En los años 70, esto era una táctica de terror usada para amenazar a cristianos para que no sintieran que el "ser religioso" valía la pena.

Hubo silencio. Nadie se movía. (¡La lección para nosotros los hijos se estaba desarrollando!)

La señora Kovacs, una mujer de mediana edad, se levantó y fue derecho a los policías. Dio su nombre y su dirección completa, tras lo cual dio la vuelta y se dirigió a la puerta. Al último minuto, se dio la vuelta.

"A propósito, mi esposo ama al Señor", dijo firmemente, "pero desafortunadamente está en el trabajo y no pudo venir esta noche. Si no, habría estado aquí. ¿Pueden poner su nombre también? El mismo domicilio. ¡Ah, y mis hijos! Aman realmente al Señor…Son fuertes cristianos". Siguió nombrando a miembros de la familia que no habían podido venir, pero que amaban al Señor y que "de lo contrario, hubieran estado aquí".

La policía, cuya intención era crear temor, se desconcertaron ante la respuesta de la señora Kovacs. Uno por uno, los que estaban en la iglesia pasaron adelante dando sus nombres y direcciones y los de todos sus amigos, parientes y vecinos que no habían podido asistir esa noche.

Los policías tenían que anotarlo todo. De hecho, la recopilación de la información de todo el mundo era la clave para hacer que funcionara ese sistema basado en el temor. El evento ocasionó horas largos de trabajo para ellos. La fe de cada uno se vio fortalecida por todos los miembros de la congregación. A medida salían de las instalaciones, algunos añadían, "Ah, siendo que el Domingo de Resurrección está cerca, que tengan una bendecida celebración de Resurrección. ¡Cristo ha resucitado!"

Requirió mucho valor para que este cuerpo de creyentes lograra lo que habían hecho.

Mi nombre está en alguna parte en esa lista escrita por los policías; mis padres dieron mis datos por fe. Pero yo no era la heroína de esta historia; era solamente un testigo presencial —un miembro de la generación siguiente que aprendía valor.

¡Gracias, adultos, por esta lección! Nunca la olvidaré. Me ha ayudado en mi vida y en mi ministerio pastoral. Había sido un testigo presencial de la fe de la generación anterior.

También noté, como niña de edad escolar, que había diversos tipos de adultos alrededor nuestro. Detrás de la Cortina de Hierro todo el mundo reflejaba alguna clase de temor en sus ojos. Había los que tenían temor y odio en sus ojos (los opresores.) Y había los que tenían temor y amor en sus ojos (los cristianos oprimidos).

El amor era la única distinción en aquel mundo loco que hacía distinguir a los discípulos de Cristo. Entre los temores que los cristianos experimentamos hoy, ¿están los temores y el odio, o los temores y el amor?

Hoy, cuando oro por los perseguidos, también pienso en **los que los persiguen**. Su temor no viene acompañado con paz desde arriba; es odio alimentado por el temor. Pienso en los hombres y las mujeres que llevan uniforme; pienso que tienen poder y que sirven a uno que pretende ser más grande que Cristo, sin embargo, es el enemigo de Cristo.

Tengo que ser honesta con usted: cuando veo un uniforme, todavía reacciono de manera diferente a la gente que nunca ha tenido que huir de una casa a otra durante la noche. Como cristianos, intentábamos escapar por nuestras vidas. De ocultos en algún cuarto oscuro, a mis hermanas mayores y a mi mamá les sobrecogía el temor de que alguno de mis hermanos más pequeños llorara o tosiera. Sabían que el más leve ruido podía ser escuchado por los que marchaban alrededor de la casa y se deleitaban con el pensamiento de satisfacer la orden de matarnos que habían recibido. Recuerdo que todos queríamos guardar silencio y ser invisibles.

Mientras crecía, me di cuenta cada vez más que todos tenemos nuestros temores, incluso los perseguidores. Piense en esto: Cristo fue perseguido por orden de los que estaban en autoridad; le tenían temor. Si usted examina a los perseguidores se dará cuenta que su temor es mayor que el del perseguido. No sólo eso, su temor es eterno, a menos que encuentren a Aquél que quita todo temor.

Mi mente vuelve a los que primero nos persiguieron, para después adorar con nosotros. Cuando seamos tentados a temer a los que nos oprimen, necesitamos tener en cuenta que podría haber un apóstol detrás de los ojos de estos opresores. Son *testigos presenciales* de nuestras vidas, como fui yo una testigo presencial de los cristianos alrededor mío.

Los victimarios están mirando. ¡Hace mucho tiempo, un soldado romano dijo, "¡Verdaderamente este hombre era Hijo de Dios!".[14] Hubo otro testigo presencial cambiado de perseguidor a uno de los perseguidos, de Saulo a Pablo. ¿No es acaso extraño que la muerte de un hombre sea la salvación de otro, que el que se mate a alguien por su fe se convierta en evangelización nunca planeada?

Nuestra respuesta a lo que hay que hacer con los perseguidores puede ser fácil cuando se contesta en un estudio bíblico en el que todo el mundo tiene biblias bonitas y se sirve café, y en el que los participantes gozan de vidas relativamente cómodas. La respuesta se torna difícil cuando los perseguidores son *sus* opresores, cuando usted sufre en las manos ellos, y especialmente si todavía ellos están viviendo la vida de, "y colorín colorado, este cuento se ha acabado".

Pero, de nuevo, la respuesta se vuelve menos problemática cuando consideramos que la persecución y el sufrimiento no tienen que ver con nosotros. Cristo es el que está siendo perseguido, no nosotros. Los perseguidores no están tras nosotros, sino tras Cristo en nosotros.

Por ejemplo, en el comunismo, todo trabajo cristiano entre los hijos y con la juventud eran prohibidos; no se permitía ninguna evangelización. ¿Qué es la iglesia de Cristo sin evangelización? En aquel momento, se decía que en el plazo de 10 años todo rastro del cristianismo desaparecería en Hungría.

Juan respondió así a tal pensamiento: "Yo soy el Alfa y la Omega, principio y fin, dice el Señor, el que es y que era y que ha de venir, el Todopoderoso. Yo Juan, vuestro hermano, y copartícipe vuestro en la tribulación, en el reino y en la paciencia de Jesucristo, estaba en la isla llamada Patmos, por causa de la palabra de Dios y el testimonio de Jesucristo".[15]

Las misiones dan testimonio a los que son hostiles con los cristianos. También les proporcionan un escenario para que tal tipo de persona observe, atestigüe. Permite que los perseguidores dialoguen con Jesús:

"Saulo, Saulo, ¿por qué me persigues?"

"¿Quién eres, Señor?"

"Yo soy Jesús, a quien tú persigues".[16]

Jesús no dice, "Yo soy Jesús, el Señor de los que estás persiguiendo". Dice simplemente, "Yo soy Jesús, a quien tú persigues".

¿Dónde está su lugar de misión? ¿Quiénes son las personas que lo "vigilan"? ¿Quién atestigua cómo usted actúa cuando se le arrebatan sus derechos? Hay futuros "Pablo" entre los opresores de hoy porque Cristo continúa apareciendo y deteniendo a los asesinos de la fe. Cristo les habla a los perseguidores. No haga que la obra de Cristo sea en vano. Sí, puede que se sienta temeroso, pero el temor y el odio no deben marcarnos. Nuestro temor se debe emparejar con amor.

El perdón es tarea difícil. Es aún más desafiante cuando aquellos que necesitamos perdonar están todavía vivos. No podemos buscar venganza, ya que sabemos que son personas perdidas, espiritualmente hablando. Además, hay países que experimentan un embotellamiento de tráfico en el camino a Damasco, como le llama el escritor húngaro Pedro Esterhazy al fenómeno de un giro súbito de eventos.

Se añade al desafío aquellos perseguidores que quisieran que el cristianismo desapareciera en el plazo de 10 años, para después cambiar de rumbo cuando encuentran a Jesús y se sientan en su momento en las bancas de la iglesia con nosotros. Habían sido nuestros torturadores y espías, a cuyos pies se les habían puesto "nuestras ropas", como se había hecho con Saulo antes de su experiencia en el camino a Damasco.

Entonces están los cristianos que permiten nuestra persecución, que observan lo peor de nuestro sufrimiento, sabiéndolo, pero rechazando unirse a los que sufrimos. Quiero interrogarles: "¿Dónde estabas cuando nos aterrorizaban, sufríamos y nos perseguían?"

"Les vigilaba en el bautismo en el río Tisza, velando las armas, listo para arrestar a cualquiera".

"Daba las órdenes y escribía reportes sobre ustedes".

"Fui espía de tu papá".

Como con Saulo, a cuyos pies pusieron las ropas de Esteban mientras lo apedreaban, tendrán que admitir haber sido testigos presenciales para posteriormente experimentar la salvación como consecuencia. Milagros como estos suceden una y otra vez: los Saulos dan vuelta y se convierten en Pablos.

Con todo, en otros países, el camino a Damasco está vacío, como dice el periodista húngaro Gergo Suveges, porque la conversión no es compatible o es políticamente correcta. Algunos son de los países en donde no persiguen a los cristianos; sin embargo, las iglesias sufren porque las culturas ya no son compatibles con el cristianismo y la gente ha perdido su fe.

Recuerde, es a Cristo a quien odian, no a usted; y la persecución fue profetizada. "...[Yo] os elegí del mundo, por eso el mundo os aborrece",[17] y "también todos los que quieren vivir piadosamente en Cristo Jesús padecerán persecución".[18] "El siervo no es mayor que su señor. Si a mí me han perseguido, también a vosotros os perseguirán".[19] ¿Nos ayuda esto a saber cómo relacionarnos con ellos?

Después de tantos años, los uniformes todavía me asustan. Recientemente tuve la oportunidad de ver a personas en cuyos ojos reconocí las mismas emociones. Debimos habérnosles parecido a mis uniformados de hace años.

En ese incidente reciente yo vestía "el uniforme del cristiano caucásico europeo", el uniforme de una cierta actitud hacia el oprimido. Para mí, fue una experiencia conmovedora acercármeles, porque detrás de esos ojos que me miraban, me vi en un ferrocarril de hacía tiempo. Recordaba el temor, el esperar por la esperanza.

Al grupo se le llamaba "migrantes", los "no deseados". Se nos había dicho que les temiéramos y funcionó: nosotros los mirábamos con ansiedad y ellos nos miraban con pavor. Decirle a la gente que le teman a alguien es una estrategia acertada. *A las personas les gusta odiar.*

Centenares de ojos desconocidos nos escudriñaban a los lugareños a su paso. Sentíamos sus intensas miradas; y nuestras miradas se encontraban, esperarían por nuestra reacción. Tan pronto como sonreíamos con sonrisas de bienvenida o saludábamos amigablemente con nuestras manos, recibíamos de vuelta una expresión de gratitud con inclinaciones de cabeza o con saludos de mano.

Nos acercamos. "Ellos" se encontraban detrás de cordones policiales. (Siempre hay barreras —vallas, cortinas, muros o cordones— construidas con el temor y el odio.) Se sentaron en las baldosas del piso de la estación del ferrocarril: hombres fuertes, hombres enfermos, hombres de mediana edad, mujeres, hijos, familias, muchachos jóvenes enviados por sus padres a un mejor mundo, mujeres embarazadas.

Nos acercamos aún más y simplemente nos sentamos con solo el cordón policial entre nosotros, sentándonos todos igualmente en tierra. Repentinamente, "los otros" se volvieron personas con nombres y con historias de vida. Les contamos nuestras historias, y ellos compartieron las suyas. Nos mostraban retratos de familia para nuestra observación. Lo que siguió fue un animado compartir sobre lo que se había dejado atrás y por qué salieron, a dónde iban, y las esperanzas y los temores. Compartimos bocadillos.

Mária (a la derecha) con los refugiados
(caras borrosas para proteger a los que están en transición).

Esa misma semana había cambiado mi teléfono viejo por un nuevo. Quise tomarme una foto con el grupo, pero no sabía cómo hacerlo con mi nuevo teléfono-cámara. Un caballero sirio —un ingeniero en su país natal— me enseñó a utilizarlo.

Sí, llevaba un "uniforme" cristiano europeo con mi identidad. Me fue sanador sentarme en la tierra con estas personas temerosas que deseaban esperanza. Solía pertenecer a su minoría; yo era el paria, uno de los no deseados. Ahora me encontraba en la mayoría, con extraños al otro lado de los cordones.

¿Qué más había detrás la Cortina de Hierro? **Había un Dios en acción**. Incluso en lugares a los que usted no puede llegar y a los que no puede enviar comida, Dios está en movimiento.

Cuando usted interceda para la iglesia perseguida, "Acuérdense de los presos, como si ustedes fueran sus compañeros de cárcel, y también de los que son maltratados, como si fueran ustedes mismos los que sufren".[20] No únicamente supliquen a Dios, abogando delante de Él por los que estén sufriendo; recuerden también alabar a Dios. Por ejemplo, pienso a menudo en los milagros que suceden cuando hay persecución. Doy gracias por la presencia de Dios en el sufrimiento de la gente y por las maneras en que la gente detecta esa presencia: el control de Dios, la paz, los poderes espirituales, un cielo que parece más cercano y más real.

Cuando y donde los cristianos están en libertad de trabajar, trabajan arduamente, muy arduamente. Y, a menudo, en medio de ese trabajo, el cielo se desvanece y se hace distante.

Le animo a interceder por el perseguido, porque viví como uno de los perseguidos. Experimentamos el acoso físico (¡cuán aseado aparece el término "acoso" comparado a su desagradable realidad) y oportunidades educativas perdidas. Y se nos rechazaba para empleos. Una persona fue removida de un dormitorio como castigo por haber convertido a un compañero de clase. La humillación verbal y pública era frecuente. Pero Dios estaba con nosotros, milagros sucedían semanalmente, y su misión continuaba.

En los años 70, mi padre fue enviado a un pequeño pueblo para fundar una iglesia. Entre los primeros convertidos estaba una madre. Cuando su familia se enteró de esta "vergüenza", el hijo y su padre llegaron apresurados a nuestro hogar, llamaron a mi padre y le propinaron un golpe por arruinar sus vidas haciendo que un miembro de la familia se convirtiera al cristianismo. La fuerza del golpe hizo que papá se balanceara, aunque se mantuvo pacíficamente de pie delante de ellos.

Los dos hombres esperaban que papá les devolviera el golpe y que continuara la pelea. Se pusieron furiosos por la falta de agresión. Las noticias del altercado se extendieron (estos pueblos las diseminaban más rápido que el Internet de hoy). Varias personas sugirieron que mi papá le informara del evento a la policía, pero él contestó, "Un alma es algo digno de mucho sufrimiento. Mi oración es que Dios traiga un avivamiento en este pueblo".

Las noticias del "sacerdote"[21] que golpearon y que no se quejó, que no respondió con otro golpe, continuaron regándose por el pueblo. No hubo pelea. Como consecuencia, un grupo de personas vino a la iglesia el siguiente domingo, arriesgando sus trabajos, sus posesiones, su seguridad y el enojo de sus familias. La taberna local se convirtió en "el sitio del servidor cibernético" para el evangelio, en donde los hombres fuertes del pueblo debatían si mi padre debió haber respondido con otro golpe y también qué debía hacerse cuando el agredido no respondiera así. ¡La respuesta de mi papá no era una respuesta sensata para un hombre joven y fuerte!

En retrospectiva, y como pastora, pienso en la estrategia nazarena de misiones para Budapest —los presupuestos, los planes, las estadísticas y las invitaciones. Debido a que ayudo en el desarrollo del plan de estudios para nuestro colegio universitario, también me apresuro a reflexionar sobre la preparación ministerial nazarena. ¿Qué enseñamos sobre la iglesia, la evangelización y la misión? La evangelización puede que comience con una bofetada. El enemigo organizará la turba. No hay necesidad de un comité; a veces la gente viene a uno. Cuando lo que ocurre es una "no pelea", el evangelio llega hasta la taberna local por medio de hombres enojados y desconcertados.

Esto parecía ser el caso durante los años que mi familia permaneció en este pueblo. La mayor parte de los eventos de la iglesia ocasionaban animados debates en la taberna local. Prácticamente, todas las tentativas de asesinato se planeaban en la taberna, así como los eventos relacionados que seguían. Los hombres de la taberna eran perseguidores; no solamente esto, eran también testigos presenciales. La misión ocurría allí mismo.

El comunismo gulash era extraño; el partido se enorgullecía de la libertad de Hungría. Tan es así, que era una libertad considerada preciosa (cuidadosamente protegida, corroborada y controlada por el partido). La libertad era permitida solamente dentro de las paredes de la iglesia; pero incluso dentro de esas paredes era escudriñada.

El comunismo "protegía" sobre todo a los hijos y a los jóvenes. A las personas de fe no se les permitía educar a la generación más joven, ya que el partido usaba frecuentemente la educación como herramienta para adoctrinarlos.

Los bautismos eran frecuentes, ya que la gente se convertía diariamente. Puesto que era la única forma de testimonio abierto permitida, la iglesia ansiaba bautizar a los nuevos creyentes lo más pronto después de su conversión. Los servicios se celebraban en un río próximo a fin de que fueran abiertos al público.

El proceso a menudo era como sigue: cuando una iglesia planeaba un bautismo, el permiso para llevar acabo el servicio era solicitado y concedido. (Después de todo, había "libertad" en nuestro feliz país.) Al mismo tiempo, un "ataque de sorpresa" también era organizado para evitar que el evento ocurriera. La Alianza Juvenil Comunista recibía la orden de patrocinar un evento en la misma ubicación y en la misma fecha, comenzando una hora antes del evento cristiano. Por lo tanto, dos permisos eran dados "accidentalmente" sin que la iglesia estuviera consciente del hecho.

En el día designado, la congregación completa marchaba a través del pueblo hasta la parte llana del río. Los activistas del partido, satisfechos con su plan de acción, sabían que hacían buen trabajo —los creyentes no podrían tener el servicio y la dirección del partido no se podría cuestionar, ya que habían dado el permiso. La libertad de la iglesia era respetada; ¡los que daban los permisos acaban de incurrir en una equivocación!

La iglesia llegaba al río para encontrarse con un público mayor de comunistas jóvenes (estudiantes y adultos jóvenes) ya conduciendo su programa. Algunos de la iglesia estaban dispuestos a la salida fácil (como muchos han hecho por dos mil años), diciendo: "Señor, que se vayan a sus casas", "Suspendamos el servicio, Señor", o "¡Qué vergüenza para los convertidos marchar de regreso al pueblo en sus ropas blancas sin haberse bautizado!"

Sí, los no creyentes en el pueblo lo habrían considerado una buena broma. Habría habido risas y burlas a nuestro regreso. ¡Habría sido un gran espectáculo, un evento que se recordaría por meses! No había instrucciones de libro de texto sobre cómo manejar tal situación: ¿se canta mientras se regresa a la iglesia después de un servicio bautismal cancelado, los nuevos convertidos todavía vistiendo sus blancas y muy secas ropas?

No cancelamos el servicio. Los líderes de la iglesia pidieron que el balsero nos llevara al otro lado del río (en viajes múltiples, puesto que nuestro grupo era grande pero el transbordador no).

Al principio no quiso, pero después cambió su parecer, pasando a través del río a un pequeño grupo a la vez. (¡Habría sido difícil que a alguien se le hubiera hecho tarde para este servicio!)

Con el tiempo el servicio comenzó, aunque sabíamos que sería una prueba. Era difícil preparar el servicio bautismal debido a que la ribera del río era accidentada, el agua era profunda y no estábamos familiarizados con las corrientes del río. La congregación tuvo que colocarse bien arriba en la ribera, lejos del río. Mi padre bajó hasta abajo por la escarpada ribera y hasta adentrarse en el río. ¡Su oración de invocación no fue siempre una oración ceremonial, sino una oración verdaderamente de fe que pedía que la congregación hubiera elegido el sitio correcto donde el río no estaba demasiado profundo, donde estaba seguro, y principalmente "que nadie se fuera a perder"! Uno por uno, los convertidos siguieron a mi papá, bajando por la orilla del río y adentrándose en las aguas.

Para el tiempo en que el servicio había comenzado, la juventud al otro lado del río cantaba canciones comunistas en alta voz; sin embargo, la congregación pronto comenzó a cantar himnos del lado nuestro. A medida que el servicio progresaba, los jóvenes comunistas se apaciguaron, tras lo cual el transbordador comenzó a hacer viajes del otro lado del río al nuestro.

El lado llano del río gradualmente se silenció y se vació a medida los jóvenes cruzaban en pequeños grupos queriendo ver nuestro evento único. Estaban participando de su primer servicio cristiano, contemplando a los cristianos que eran bautizados, escuchando a las personas testificar de la salvación que viene solamente de Cristo. Lo que había comenzado aquella mañana como un servicio bautismal, para el mediodía se había vuelto un tiempo de evangelización de jóvenes comunistas.

De tal manera amó Dios al mundo, de tal manera amó a aquellos: a los jóvenes comunistas allí en el río Tisza, y después durante la dictadura comunista. Amó a aquellos que bloqueaban el culto como a aquellos que eran bautizados. Tenía una misión a ambos lados del río.

¿Qué es misión? ¿Dónde ocurre? ¿Y cuál es nuestro papel en la misión de Dios?

Pregunta: ¿Cómo uno lleva a cabo la evangelización al aire libre durante una dictadura comunista en la que se prohíbe la evangelización?

Respuesta: El partido la organiza. Dios utiliza los esquemas del enemigo para invitar a todos los que necesitan oír el evangelio. Así es cómo uno puede alcanzar a muchos jóvenes, incluso cuando uno no pueda.

El opresor es a menudo un testigo presencial, un campo misionero. El evangelio habla en tiempos de sufrimiento y dificultad. Durante tiempos así, si hablamos en amor, incluso cuando temamos, Dios puede trabajar.

Para aquellos lugares que no podemos alcanzar ahora, Dios les da visiones y sueños a las personas y utiliza a nuestros opresores para su obra. Por estas razones es que existen las "cortinas", las cercas, los muros y las áreas de acceso creativo.

No me estoy lamentando en absoluto por "el deseo de volver a Egipto", pero **la persecución no es lo peor que le puede ocurrir a una persona**. Ganar todo el mundo y perder nuestras almas[22] es peor. Proveerles todo a nuestros hijos y perder sus almas es peor. Vivir confortablemente y no experimentar a Dios en acción es peor.

Qué si "hacemos" misiones durante toda nuestra vida y al llegar al juicio final se nos dice, "No me dieron de comer"[23], no me sentaron a su mesa, no me vieron como forastero, no me notaron. No me estaban alimentando a mí, sino al ego y a la imagen cristiana de ustedes. Lo hacían solamente cuando otros estaban mirando, cuando ustedes eran elevados ante sus ojos. La huella misionológica que ustedes dejaron y que pensaban que era tan grande, causó más mal que bien".

El amor es la diferencia; el odio es la señal.

Jesús se atrevió a desafiar muchas cosas, pero nunca respondió con sentimientos "antiromanos". Era apasionado, pero no para demostrar cómo derrotar a los que seguían al enemigo, sino para mostrar a sus seguidores cómo amar a los que los rodeaban.

Debemos aprender de Cristo, nuestro ejemplo, y examinar lo que decimos de nuestros opresores. Estamos a menudo listos para odiar el enemigo; sin embargo, esa es una tarea que nos mantiene ocupados y distraídos, evitando permitir a Dios que nos muestre nuestros fracasos.

Años después de los tiempos de sufrimiento de mis padres y mis abuelos, fuimos a un entierro. A mi padre le correspondió oficiar en el entierro, junto con otro ministro de una iglesia histórica,[24] y mi abuelo también nos acompañaba.

El abuelo fue un *kulak*, un granjero rico; sin embargo, perdió sus bienes cuando los comunistas le confiscaron sus tierras, ya que desconfiaban de los bienes privados. Más adelante, cuando mi abuelo se hizo cristiano, se transformó en un ardoroso creyente, cantando y alabando a Dios a pesar todo. Lo encarcelaron y golpeado por su fe; con todo, en prisión, continuó evangelizando con su alegre canto.

Desafortunadamente, un ministro había estado detrás del encarcelamiento de abuelo. Hay veces que nosotros los cristianos nos oprimimos y nos perseguimos a nosotros los cristianos. Estamos divididos.

Al final del entierro, abuelo llevó a papá hasta donde el ministro que realizó el entierro y le dijo, "¿Puedo presentarle a mi hijo?"

"Oh, felicitaciones", dijo el ministro. "¡Que poderoso sermón! ¡Qué gran orador y predicador se ha vuelto su hijo!"

"Pienso que sí", contestó abuelo con una sonrisa. "¿Consideraría usted que el que mi hijo esté siguiendo a Cristo sea fruto de mi sufrimiento y encarcelamiento por mi fe? ¿Estaría de acuerdo conmigo que mi sufrimiento por Cristo valió la pena?" Entiéndase que abuelo se había enterado de que este ministro era la persona que había dado las órdenes que resultaron en su detención.

El ministro, avergonzado, permaneció de pie, y luego añadió, "Sí, pienso que todo valió la pena. Le envidio".

El testigo presencial. Todo el mundo está mirando. La evangelización y las misiones ocurren, incluso si son planeadas por el enemigo. C.S. Lewis tenía razón cuando escribió, "Todo el mundo piensa que el perdón es una idea encantadora hasta que tenga algo que perdonar".[25]

Cristo perdonó a los que lo crucificaron. ¡Qué ejemplo poderoso para nosotros! Y qué potente testimonio para los seguidores de Cristo, para que perdonen a los que nos hacen daño, permitiéndoles un tiempo para la gracia. "Porque de los presos también os compadecisteis, y el despojo de vuestros bienes sufristeis con gozo, sabiendo que tenéis en vosotros una mejor y perdurable herencia en los cielos. No perdáis, pues, vuestra confianza, que tiene grande galardón; porque os es necesaria la paciencia, para que, habiendo hecho la voluntad de Dios, obtengáis la promesa".[26]

Las personas piensan a menudo que la evangelización ocurre solamente cuando se envían invitaciones, se imprimen programas atractivos, y los detalles del evento han sido organizados por un comité. Después de la crucifixión, Pedro y los discípulos oraban, partían el pan, escuchaban las enseñanzas de los apóstoles, y esperaban… orando, partiendo el pan, escuchando las enseñanzas de los apóstoles, y esperaban…

En Pentecostés, Pedro no envió invitaciones, pero había una multitud. Pedro todavía no había hecho nada, pero el Espíritu Santo vino. Pedro todavía no había hecho nada, pero la gente comenzó a comentar respecto a los eventos, a hacer preguntas, a expresar opiniones. ¡Entonces vino la oportunidad de la misión! Pedro se levantó e interpretó los eventos como debe hacerlo un testigo; hizo trabajo de misión en un contexto multicultural.

Cuando un ferrocarril local está lleno de gente de numerosos países que no hablan el mismo idioma, uno comienza a pensar: Hemos estado orando, partiendo el pan, recibiendo las enseñanzas de los apóstoles, y esperando. Ahora la muchedumbre está aquí. Esa muchedumbre puede o no ser la de los "Partos, medos, elamitas, y los que habitamos en Mesopotamia, en Judea, en Capadocia, en el Ponto y en Asia, en Frigia y Panfilia, en Egipto y en las regiones de África más allá de Cirene, y romanos aquí residentes, tanto judíos como prosélitos, cretenses y árabes"[27]; pero quizá una de Asia occidental y del sur, de África y de los Balcanes occidentales, y de visitantes de los países vecinos que se han unido a los viajeros. Estas nacionalidades comprenden una muchedumbre de 60 millones de desplazados entre millares de solicitantes de asilo en todo el mundo.

Al igual que Pedro tuvo que explicar qué era lo que ocurría en Pentecostés, nuestro Pentecostés se puede encontrar entre refugiados, inmigrantes, y cualesquiera otros alrededor de nosotros. Debemos ser intérpretes de los eventos del mundo para nuestras multitudes. ¿Debemos estar preparados para explicar cuando la gente pregunte, "¿Qué quiere decir esto?"[28]

El Espíritu Santo utiliza los eventos del mundo para que la salvación se revele. ¿Está usted preparado para cuando la muchedumbre se reúna? ¿Será usted un testigo del Libro de los Hechos respecto al cual alguien pueda decir que está borracho,[29] mientras que otros se queden "atónitos y perplejos?"[30] ¿Será su iglesia un testigo cuando la muchedumbre pregunte, "Hermanos, ¿qué haremos?"[31]

Es siempre mejor ser víctima que victimario. La víctima tiene el derecho de levantarse en favor de la verdad, de soportar, de ir la milla adicional, y de servir al opresor: "Si tu enemigo tiene hambre, dale de comer; si tiene sed, dale de beber".[32]

Reconciliación

Cuando pienso en reconciliación, me recuerda el hombre de la parábola al que se le han perdonado sus deudas, pero que no quiere perdonar las deudas del consiervo.[33]

La reconciliación es el reconocimiento de que he abusado de mi poder y mi posición, y de que pertenezco a una nación cuyos antepasados hicieron lo mismo: mintieron, robaron, mataron, se llevaron tierras y adoraron ídolos. He pecado contra Dios. El reconocimiento de mi sufrimiento personal bajo el comunismo no se compara con la magnitud de mis pecados. Soy ciudadana de una nación que ha oprimido a otros, y otros —incluyendo algunos de mis lectores— son probablemente ciudadanos de naciones que nos han oprimido a nosotros.

La reconciliación es el reconocimiento de que soy una sierva liberada que no debe atar a otros, pero que ahora está atada a hacer una sola cosa… liberar a otros.

La reconciliación con otros seres humanos es la celebración alegre y agradecida de que mis deudas están perdonadas. Cualquier otra acción sería irrazonable y cruel.

La reconciliación es una relación rota que ha sido cambiada en algo hermoso y amistoso que no es "nosotros y ellos". Es solamente "nosotros", personas necesitadas de una reconciliación con Dios y de las unas con las otras.

En esta parábola, la misericordia y la gracia exponen la crueldad. Necesitamos orar continuamente, "Perdónanos a nosotros, así como nosotros perdonamos a otros".

Si vivimos como personas que han sido perdonadas, nuestros pecados estarán siempre ante nosotros. ¿Cómo debemos responder a los eventos mundiales? ¿Cómo debe el perdón afectar nuestras acciones?

Pero no todos los cristianos perdonan

Hubo un servicio de bautismo al aire libre para el que habíamos recibido el permiso del gobierno local; sin embargo, había también un grupo de gente al que se le había instruido que mataran al "sacerdote" (mi papá). El líder del grupo era un hombre cuya esposa se había hecho seguidora de Cristo. Debido a su posición clave anterior en el Partido Comunista, la conversión de la mujer significaba la pérdida de los que podían protegerla y garantizar su supervivencia, la pérdida del trabajo y, además, ponía a su familia completa en peligro. El hombre le indicó al "equipo asesino" que tanto su esposa como el "sacerdote" necesitaban "desaparecer".

Las noticias llegaron a los oídos de algunos de los hombres cristianos en el pueblo. Primero, trataron de convencer a papá de que el bautismo no debía llevarse a cabo, que debíamos decirle al nuevo convertido que tener el servicio era demasiado peligroso. Mi padre pastor le explicó a la iglesia que la suspensión no era una opción, y que solamente la oración lo era.

La iglesia comenzó a orar sobre el servicio. La congregación también temía por la esposa y lo que su muerte podía significar para la familia y el pueblo, así que se oraba igualmente por ella.

El día del bautismo llegó, y la gente comenzó a marchar hacia el río. La iglesia estaba tan ensimismada en el temor y la oración que se le había olvidado la petición usual de oración de que la policía no apareciera. Así que, la policía también llegó. (A menudo, la policía aparecía para notar cualquier cosa que se pudiera utilizar contra el "sacerdote" y la iglesia, para arrestar posiblemente a varias personas, y para terminar con el servicio.) Algunos de los miembros de la iglesia comenzaron a decir que nuestras oraciones no estaban siendo contestadas. No sólo eso, sino que señalaron que era todavía peor, porque ahora teníamos la policía *y los* asesinos allí.

Una vez tras otra, la iglesia había tenido que aprender a confiar en Dios. Los policías observaban de cerca todo el servicio; el equipo asesino permanecía a cierta distancia. Tal y como resultaron las cosas, sus acciones carecieron de sincronización. Ninguno de los dos grupos estaba al tanto de que el otro planeaba asistir. Los hombres que planeaban el daño tenían temor de la policía y no se atrevieron acercarse. Dios protegió a su pueblo. Se bautizó a la esposa, y más adelante otros miembros de la familia se bautizaron también. No conocíamos la palabra "guardaespaldas" en aquel entonces, pero Dios ciertamente los pidió para nosotros.

Cuando la Casa del Terror se inauguró, quise llevar a mi mamá para verla. Pensé, "Al fin la verdad ha llegado; la justicia ha sido servida. Las fotos y los nombres de nuestros perseguidores han sido revelados; han sido puestos en vergüenza". Varias veces intenté convencer a mi madre de que visitara el museo conmigo. Siempre me decía que no quería visitarlo porque para ella no era un *museo*, era su *vida*.

Cuando mis hermanos pidieron los archivos III/III (el expediente de la policía secreta) de mi padre, encontraron que el 80 por ciento del texto todavía permanecía ennegrecido. Ve usted, la mayor parte de los victimarios están todavía vivos. ¡Hay potencialmente un grupo que las personas odiarían, ya que a nosotros los seres humanos nos gusta odiar!

El apóstol Pedro dice: "Jesús nazareno, varón aprobado por Dios entre vosotros con las maravillas, prodigios y señales que Dios hizo entre vosotros por medio de él, como vosotros mismos sabéis[34]… **a éste... crucificasteis**".[35] Cuando les testificamos a nuestros

El exterior de la Casa del Terror.

opresores, generalmente es en este punto del pasaje bíblico donde nos detenemos... en la acusación. En la historia de la iglesia, estos versículos han causado mucho sufrimiento porque hay discípulos que —en el nombre del Señor— predican solamente la mitad del evangelio por detenerse en este punto.

Olvidamos a veces añadir lo qué Pedro continuó diciendo: "**Porque para vosotros es la promesa**, y para vuestros hijos, **y para todos los que están lejos**; para cuantos el Señor nuestro Dios llamare".[36] ¿Podemos nosotros decirles esto a los que han causado algún sufrimiento extremo a alguien? Esta promesa le pertenece a usted. Dios tiene una misión en ambos lados del muro. No me fue fácil extender esa promesa a mis opresores; sin embargo, es ahí donde las buenas nuevas realmente comienzan.

En la Iglesia del Nazareno, se nos insta a orar por la iglesia perseguida, por los creyentes maltratados. Me gusta dirigir esa oración en mi iglesia local, y siempre comparto una o dos historias de gente que ha sufrido por su fe.

Lo cual me trae a la siguiente poderosa pregunta: ¿en qué día oramos por los perseguidores —los terroristas, los detestables, los opresores, los que son hostiles al cristianismo? El mundo se regocija en la muerte de un terrorista, de un perseguidor o de un dictador. Pero para el Señor, esa muerte es la pérdida de un alma sin salvación. "¿Quiero yo la muerte del impío? ¿No vivirá si se apartare de sus caminos?"[37]

ACTÚE

- ¿De qué maneras me complazco en el castigo del impío?
- Oración:
  - Piense en tantos perseguidores como usted pueda. Para mí, los perseguidores se han convertido en una galería de personas por las cuales orar. Doy gracias por mis opresores que estén todavía vivos, pues pueden todavía encontrar a Cristo.
  - Ore que ninguno de los perseguidores fallezca. Por ejemplo: "Señor, encuentra a los perseguidores y dales sueños y visiones para que vean a Jesús. De esta manera, la muerte de Esteban, el sufrimiento de mis abuelos, de mis padres y mi propio sufrimiento no habrá sido en vano. Por favor, salva sus almas, y úsanos como quieras. Amén".
  - Busque el perdón de Dios:

    Padre, perdónanos y libéranos del espíritu de Jonás: del deseo de que los impíos sean castigados, considerando a algunos indignos de salvación y de nuestros esfuerzos de misión, reteniéndonos y alejándonos para no encontrarnos con el impío.[38]

    Vaya a estas personas y deles su mensaje de perdón y gracia.

    Confesamos que, respecto a algunos pueblos nativos, nos hemos preocupados más por nuestra comodidad de la sombra o del aire acondicionado que por sus almas pérdidas. Como iglesia, hemos hecho a veces el trabajo de la misión solamente porque, como en la historia de Jonás, has hecho que un pez nos haya escupido a las orillas de esta gente. Si no, habríamos votado en contra de entrar a pueblos y ciudades. No quisimos a veces ir a ciertas áreas; hemos preferido enviar a nuestros misioneros a servir en lugares más fáciles o proporcionar un presupuesto para algún lugar "que Tú no habías pensado".

Padre, gracias por hacernos ir a esos lugares indeseados.

Ahora, pedimos que continúes animando a la Iglesia del Nazareno a que vaya a esos lugares en los que más te necesitan y en los que seamos más eficaces —incluso si es un "Nínive", un blanco no ideal para un misionero o un evangelista; un lugar demasiado impío, más allá de toda esperanza, "no digno" de nuestros esfuerzos. Fuérzanos a permanecer misionales: a hacer la misión donde necesitemos estar y cuando necesitemos estar.

- No permitas que seamos ingenuos: los pecados no perdonados serán castigados; pero hasta entonces, tenemos una misión. La muerte de cada perseguidor es un evento triste. Cristo nos ama a todos, "no queriendo que ninguno perezca, sino que todos procedan al arrepentimiento".[39] ¿Cómo pueden tales pueblos venir al arrepentimiento? ¿Cuáles son algunas oportunidades de vida real e históricas para evangelización en el mundo hoy?
- ¿Cuál es la manera adecuada de relacionarse con los perseguidores? ¿Cómo cumplimos con lo de "Amad a vuestros enemigos... y orad por los que... os persiguen"?[40]

CAPÍTULO 4

UNA TAREA DE MISIÓN: CUANDO NO SOMOS PERSEGUIDOS

No encuentro un mandato a regocijarnos cuando no nos persigan. Sin embargo, para aquellos de nosotros que no estamos recibiendo un trato hostil por nuestra fe, debemos asegurarnos de que los sufrimientos de los cristianos oprimidos no sean en vano. Necesitamos ser buenos testigos cuando no nos persigan.

> ... para que seáis irreprensibles y sencillos, hijos de Dios sin mancha en medio de una generación maligna y perversa, en medio de la cual resplandecéis como luminares en el mundo; asidos de la palabra de vida, para que en el día de Cristo yo pueda gloriarme de que no he corrido en vano, ni en vano he trabajado. Y aunque sea derramado en libación sobre el sacrificio y servicio de vuestra fe, me gozo y regocijo con todos vosotros.[41]

Un libro único[42] recientemente publicado describe la persecución de los cristianos en el siglo XXI. Según el libro, el año 2014 fue el peor, con 400 millones de cristianos fuertemente perseguidos. Cada 5 minutos mataron a un cristiano por su fe, y había 50 países en donde la persecución era considerada "extrema" o "muy fuerte". El autor escribe que algunos países reclaman ser cristianos y sin persecución cristiana; sin embargo, en estos países sigue habiendo hostilidad contra el cristianismo que afecta los trabajos, las vidas y la libertad de la gente.

La oración por los perseguidos es necesaria, pero es solamente la mitad de la tarea. No sólo hay que orar por los que sufren, sino que hay que vivir de modo que su testimonio no sea destruido por causa nuestra: "Porque... el nombre de Dios es blasfemado entre los gentiles por causa de vosotros"[43] Puesto que todos nosotros participamos en una batalla sin fronteras, debemos tener en mente —incluso en los lugares libres de persecución— que a todos nosotros se nos requerirá trabajar juntos para alcanzar la victoria "por medio de la sangre del Cordero y de la palabra del testimonio de ellos".[44] Debe ser verdad tanto respecto a los que sufren como a los que viven en un mundo más libre y les corresponder orar por los que no, que: "no valoraron tanto su vida como para evitar la muerte.[45] Que nuestras vidas fieles sean observadas a través de las naciones. Las noticias de nuestras vidas pueden incluso alcanzar áreas de acceso creativo o lugares a los que no podamos ir físicamente. Necesitamos vivir nuestras vidas de manera tal que su sufrimiento no sea en vano.

"Mamá, ¿cuál fue el tiempo más duro de tu vida?"
"Los años de la persecución".

"¿Y el tiempo más feliz de tu vida?"

"Los mismos años".

Después de pensar un rato, añadió, "No teníamos tiempo para pensar si teníamos suficiente comida o lo que queríamos. Dios actuaba; los eventos se sucedían. Es la mejor cosa estar en medio de la acción de Dios".

ACTÚE

- ¿Cómo puede nuestro testimonio prevenir que el sufrimiento de otros cristianos no sea en vano?
- ¿Cómo podemos hacer que el testimonio de los cristianos perseguidos sea más fuerte para el mundo?
- ¿Cuáles son algunos de los comportamientos o modos de pensamiento "menos que cristianos" que podrían arruinar el testimonio de algunos cristianos?

CAPÍTULO 5

LA MISIÓN:
FUENTE DE VERDAD Y REALIDAD

Bajo el comunismo, vivíamos bajo dos "realidades". Nos dividía lo que nos decían en la escuela y lo que oíamos en la sala de estar de parte de nuestros padres, abuelos, tíos y tías. Todos los eventos históricos eran interpretados a partir de una variedad de fuentes, no sólo las cristianas y comunistas. Para navegar entre las mentiras y la verdad, el nombre del juego era "encuentra la fuente verdadera".

La propagación de la verdad supuesta puede suceder en cualquier sociedad y por diversas razones y por numerosos canales (los medios, la educación, etc.). Debemos preguntarnos, "¿Cuál es el papel de la familia cuando se les enseña a los hijos algo aparte de la verdad fuera del hogar?" ¿Qué significa el desarrollo de la fe, las misiones, la educación? ¿Cómo aprenden los hijos a pesar el conocimiento y la realidad? No aprenderán con eficacia con solo la memorización de hechos, sino aprendiendo a pensar sobre las experiencias de la vida e interpretar esos eventos.

Si una familia puede vivir su fe, eso será más convincente que cualesquiera de las presentaciones de las "autoridades" en los medios.

Jesús dijo: Yo soy la verdad. Soy la realidad. Él reveló al Padre y la plenitud de Dios estaba en el Hijo. En Él, toda la realidad se extendió al pasado, al presente y al futuro.

Como una niña que crecía bajo una dictadura, subconscientemente aprendí que la verdad no está compuesta de simples hechos. La verdad se relaciona con la fuente de información, con una persona. La verdad es relativa sólo si es un concepto filosófico; cuando la verdad se basa en una persona, deja de ser relativa.

Para sobrevivir, tuve que aprender a sopesar qué se decía contra quién lo estaba diciendo. Para mí, la verdad venía a través de mi familia. El proceso de peso era quién hablaba el mensaje. Confiar en la persona adecuada como fuente de verdad era algo más importante en un mundo de dos realidades que los hechos en cualquiera de las partes.

Tome la historia, por ejemplo. Cómo mi abuelo compartía las historias sobre las guerras y cómo los opresores las describían podía dar lugar a puntos de vista muy diferentes. Podía llevar a la diferencia entre un ejército de liberación o uno de opresión, a la revolución o a la contrarrevolución, a juzgar algo como positivo o como negativo. Nuestra historia toda se podía contar como dos historias opuestas.

Para nosotros, mi abuelo representaba una verdad digna de confianza y personal sobre historia mundial; nuestros padres hacían lo mismo. Nos relataban repetidas veces las historias sobre la creación, la Primera Guerra Mundial, la revolución húngara de 1956, la monarquía Habsburgo-húngara, y otras historias. Los miembros de nuestra familia eran nuestras fuentes.

Miraba recientemente un libro de historia, y era como si nos sentáramos en sala de estar de mis padres, escuchando los relatos. Los relatos habían cambiado y estaban más cercanos a lo que oía mientras crecía. Conjeturo que los libros de texto se están poniendo al día y los historiadores ahora están trabajando desde diferentes fuentes. Debe ser difícil para las familias que creyeron la versión "oficial" de la verdad de aquel entonces.

Cuando mi esposo Imre estaba estudiando ingeniería, tuvo que cursar la materia de economía política. La economía socialista era tan confusa que los estudiantes finalmente confesaron a su profesor que apenas tenía sentido. El profesor les dijo, "Ustedes y yo sabemos que esto es lo que me ordenan enseñar. Ambos sabemos que esto no tiene sentido. Pero lo enseñaré, ustedes lo aprenderán y tomarán los exámenes, y ese será el final del asunto. Sé que no es la verdad, pero tengo que enseñarla".

La fuente de verdad se vuelve crucial en un mundo de doble realidad. La verdad no se expresa en palabras de moda; todo tiene que ver con la persona que la dice. Y nosotros confiamos en Aquél que dijo, "Yo soy… la verdad".[46]

Temo que incluso ahora hay una realidad doble. La opresión de Satanás está en curso. Puede ser que tenga formas o nombres más placenteros con la excepción del comunismo. Satanás es el padre de mentiras, y esto crea la realidad doble.

Nuestra misión es contar las historias, interpretar los eventos y revelar al que es la Verdad. Debemos convertirnos en fuentes dignas de confianza para nuestros hijos. La misión cuenta la historia verdadera como nosotros la experimentamos, como la testimoniamos, y como interpretamos la historia y los eventos alrededor nuestro.

Hay muchas maneras de luchar contra reinos y gobernantes de los pensamientos. Sin embargo, nuestra principal tarea debe ser desarrollar relaciones sanas con nuestros hijos, de modo que puedan tener experiencias de la vida real de fe en nuestros hogares e iglesias. Necesitamos enseñarles a usar todos sus sentidos: sabor, oído, vista, tocar la sustancia de la fe, la esencia de Dios, la Verdad, la plenitud de Dios. Necesitan probar y ver "que el Señor es bueno"[47] y a no estar satisfechos con apenas bocaditos de una religión cristiana reducida a la talla de un mundo estrecho o a una versión estéril de una fe aburrida.

¿Qué si gente oye nuestras historias y nos confía como su fuente de verdad? Esto se llama una oportunidad de misión. Nos dan el privilegio y la responsabilidad de confiar en nosotros. Nos pedirán que les contemos las historias del mundo: ¿qué está sucediendo ahora? ¿quién es quién? ¿qué significa? ¿qué debemos hacer? Harán algunas de las preguntas hechas por la multitud multicultural en Pentecostés: "¿Qué quiere decir esto?[48] y "¿qué haremos?"[49]

Después de oír verdad de nosotros, pueden estudiar y oír las muchas interpretaciones de la "verdad", las mentiras dichas por otros en sus vidas. ¿Pero qué si nuestros hijos vuelven a casa o nuestros vecinos visitan nuestra iglesia y oyen la historia del mundo como la *historia de Dios*?

Recuerdo el primer estudio bíblico que Imre y yo tuvimos en nuestra sala de nuestra casa en 1997, cuando comenzábamos una nueva Iglesia del Nazareno. Hablábamos de la belleza de la creación y de que era obra de Dios. Una señora respondió, "¡He estudiado muchas versiones de cómo el mundo se originó, pero nunca había oído esta versión!"

ACTÚE

- Reflexione en las siguientes preguntas:
  - ¿A qué realidades dobles deberá usted hacer frente en su vida?
  - ¿Cómo es usted una fuente de verdad para otros alrededor suyo?
  - ¿Cómo podemos recuperar nuestra misión por ser más dignos de confianza?
  - Puede ser que usted esté listo para luchar por la verdad (y hacer que otros sufren por su convicción), pero, ¿cuán dispuesto está usted a sufrir por Él como la Verdad?
- Para recuperar su campo de misión, comience con su familia y sus amigos siendo una persona que refleje la perspectiva de Dios en su realidad.
  - ¿Cómo es usted un testigo verdadero del pasado y el presente?
  - Cómo será usted un profeta, interpretando los eventos y las realidades confusas de hoy como parte de la historia de la salvación, y contestando las preguntas siguientes de sus oyentes: "¿Qué quiere decir esto?" y, "¿Qué haremos?" Las misiones comienzan con ser veraces cuando contestemos preguntas del aquí y el hoy.

CAPÍTULO 6

1989: LA CAÍDA DEL MURO

"¿Quién lo habría pensado?" Esa es la reflexión que escucho de los de dentro del sistema del Bloque del Este y de los que observaban, mirándonos desde fuera de la Cortina de Hierro.

Cuando uno es un prisionero del tiempo, grita de desesperanza, creyendo que el sufrimiento nunca terminará. No lo habría pensado tampoco. Pensaba que la generación siguiente viviría como nosotros vivíamos, y creía que necesitábamos prepararlos para vivir a exactamente bajo el mismo sistema.

El 23 de octubre de 1989, estaba en una sala de partos. Llegué al hospital a la medianoche, apenas cuando el reloj cambiaba del 22 al 23 de octubre. Un día regular de octubre. Todo sobre mí es de una persona del otoño.

A las 7:30 de la mañana mi hijo nació. Mi primera oración fue, "Señor, por favor, ¿le librarás de todo por lo que yo he tenido que pasar? Pero también, ¿lo protegerás y le ayudarás a entenderte en medio de todas las vueltas de la vida? Muéstratele a él como te me has revelado en todos los sucesos extraños durante mi vida".

Mi primer visitante fue un miembro de la familia, y las primeras noticias que recibí fueron: "La República de Hungría se ha anunciado hoy. ¡Ha terminado!"

Esa mañana abracé a Rudolf, mi "niño de la libertad".

Antes pensaba que se me había privado de una agradable niñez, de una juventud feliz —de libertad y diversión. Hoy, pienso que tenía una rica experiencia de Dios, y no simplemente por un adoctrinamiento racional de por qué los comunistas no tenían la razón. Puedo probar que existe Dios, no con pesados estudios de la Biblia y servicios de adoración —y mire que los tenía con frecuencia cuando crecía. Aprendí, no como esclava de la ilustración o en oposición a una ideología; no, aprendí por experiencia.

Experimentábamos la realidad de Dios gracias a un ambiente hostil. El pueblo de Dios —aunque perseguido— oraba y testificaba, y Dios actuaba. No me limitaba a la "observación"; mi aprendizaje era por experiencia. Aprendí de Dios viviendo y observando sus actos en mi historia.

Necesitamos darles a nuestros hijos e hijas una oportunidad de aprender viviendo y experimentando, en vez de masticarles cada bocado de doctrina. Tenemos universidades y programas educativos a la disposición; incluso hemos programado las misiones. Debemos discernir cuando las cosas hermosas y feas sucedan en el mundo y permitir que nuestros hijos las sientan y las vivan por ellos mismos. Necesitamos ser los narradores, ayudando la próxima generación, como nuestros padres nos guiaron en navegar a través de nuestras actuales realidades a partir del pasado.

Podemos ser demasiado sobreprotectores, escudando a los hijos de la realidad, y de Dios mismo quien actúa en las duras realidades.

Oro que mi hijo vea a Dios actuar por su sentir, ver y experimentar la vida.

Cuando Rudolf comenzó su práctica de verano para teología, me porté como todas las madres cristianas, queriendo tuviera las mejores oportunidades de aprendizaje. Mi esposo dijo que yo era como Salomé, la madre de los hermanos Zebedeo, queriendo lo mejor para sus muchachos.[5] Sentía que era menos ambiciosa que Salomé; la mano derecha de Cristo lo mismo que su izquierda habría estado bien para mí, la que el Señor quisiera.

En su lugar, el líder de la práctica asignó a mi hijo a circunstancias extremas: los indigentes de la villa de Roma, con alto crimen y poca higiene. ¡Rudolf, al regresar a la casa, dijo, "¡Al fin estoy viviendo! Puedo sentir y ver que no es ficticio. Es realidad, y Dios está actuando".

¿Por qué queremos proteger a nuestros hijos de vivir su historia? La verdadera fe permite la voluntad de Dios en las vidas de nuestros hijos y les ayuda a experimentarlo en acción, para hacerse testigos presenciales en vez de aburrirse con un cristianismo de segunda mano.

¿Cuál es nuestra historia actual? ¿Terrorismo, nuevos imperios, nuevos dioses, nuevas religiones, nuevas olas de inmigrantes? ¿Cuál es "el feo" día, dónde están las necesidades, dónde se están bebiendo las copas del sufrimiento?

En el primer siglo —dependiendo de su perspectiva como narrador— la historia incluía nuevas leyes y un César que publicaba el decreto de que todo el mundo debía pagar tributos. Ello implicó caos, huidas, estatus de refugiado, y la matanza de bebés. No eran definitivamente los celebrados años de oro de una nación.

Sin embargo, para algunos, la historia del siglo I trajo al Hijo de Dios que nació, pastores que vieron ángeles y que los oyeron cantar, hombres sabios que siguieron una brillante estrella, y una recién madre y futuro padre que escuchaban ángeles en realidad y en sueños.

El siglo XXI permanecerá con usted por un tiempo con hechos, fechas y eventos locales y globales, como los de las noticias de la tarde. ¿Dónde puede usted oír y ver ángeles hoy? ¿Qué eventos hacen que el cielo se despliegue? ¿Dónde están las realidades en las que Dios interviene?

Para algunos, el comunismo es una realidad política, una época en la historia, un elemento negativo entre los años 50 y el 1989. Para algunos fue el mejor tiempo —un Cristo que encontraba a gente en el camino al comunismo y que salvaba sus almas. Eran los que se convertían en los "Pablos" de la iglesia.

¿Qué bien hace el que usted esté en el "palacio" o en el "templo" cuando ocurren eventos importantes en una pequeña aldea de Belén o en un villorrio húngaro de Szabolcs?[51] ¿Protege usted a sus hijos e hijas en los palacios de las riquezas y del conocimiento? ¿Qué si los que están en los caminos —los que atienden los rebaños, los que miran hacia el cielo— escuchan ángeles y tienen sueños, porque están fuera de los palacios y de los templos? ¿Se perderían sus hijos estos avisos monumentales?

Estimados padres señor y señora Zebedeo, y ambiciosos seguidores de Cristo,

Sus hijos e hijas hablarán lo que Dios ha revelado.
Sus jóvenes verán visiones.
Sus ancianos soñarán sueños.
En esos días derramaré mi Espíritu sobre mis siervos, tanto hombres como mujeres.
Hablarán lo que Dios ha revelado.[52]

Hay un proverbio que dice que, si usted quiere que sus hijos tengan una buena vida, los debe dejar pasar un poco de hambre y frío. Démosles a nuestros hijos el don de experiencias de la vida real, enseñándoles la misión con la misión. Necesitamos ayudarles a ver y entender cómo Dios actúa en la historia permitiéndoles que vean cómo Dios actúa bajo las situaciones de la vida real. ¡Dos personas —una creyente, la otra no— pueden vivir la misma historia, pero una puede no percatarse de la historia de la salvación! Cristo libró a los hijos de los esposos Zebedeo del discipulado aburrido y ficticio de un simple sentarse a su derecha y a su izquierda.

Sabemos que la gente aprende mejor con las experiencias (por ejemplo, se aprende a cocinar cocinando). ¡Qué gran idea! Qué nos parece aprender misiones haciendo misiones: experimentando temor, frío, hambre, el etc.

Le habíamos enseñado a nuestro hijo todo lo que sabíamos sobre la fe, y teníamos un hijo que era muy inteligente hablando de Dios y de la Biblia. Sin embargo, en el momento en que nuestro hijo vio a Dios en acción y poseyó su historia, la misma se volvió real y poderosa. Experimentar a Dios en acción fue la lección más convincente para nuestro hijo, y esto es cierto con todo el mundo.

Permita que sus hijos encuentren a Dios en su momento a través de los eventos del mundo. No los prevenga de las dificultades. En las bondades de la vida, no pueden encontrar a Dios de la misma manera. Cuando Dios actúa, sus sentidos no se adormecerán. Verán, oirán, y entenderán. Experimentarán temor, fe, confianza, decepción y milagros.

Preferiría ser de los perseguidos y sentir a Dios con todos mis sentidos que vivir una vida cristiana aburrida y segura. **Lo mejor es ser parte de la misión de Dios.**

¿Recuerda el lema de las viejas *Guías de Viaje para el Testigo Presencial*: "Las guías que le muestran lo que otros solamente le cuentan —La manera del testigo presencial ver el mundo"? Esas guías realmente cuentan con que usted quiera ir a los lugares que describen. Esperan que usted vaya y utilice las guías, no como libros de historietas, sino como guías cuando usted esté en el lugar.

La manera en que necesitamos enseñar la Biblia a nuestros hijos no es como si fuera un libro de historietas de misión sobre un lugar al que ellos nunca irán y sobre experiencias que nunca tendrán. Antes, debemos enseñársela como una guía, para que quieran ir y para que después realmente vayan y experimente las misiones. Deben utilizar los relatos de la Biblia como una guía para experimentar la vida y la misión de Dios. ¡Todos necesitamos ser testigos presenciales! ¡No le enseñe a la próxima generación que la misión es un relato que otros cuentan!

Estar implicados en la misión de Dios debe siempre hacernos autoreflexivos, al que puede llevarnos a una humilde conversión y a una renovada entrega de nosotros mismos. Cuando hablamos de nuestra fe en Cristo a gente que se dedica a otra religión o ideología por la que se sacrifica mucho, nuestro discipulado puede parecer superficial para ellos. Puede que consideren nuestro "sacrificio" una dádiva de las sobras de nuestro tiempo, y nuestra vida de oración un deber que cumplir.

En nuestro viaje en misiones, debemos ser humildes cuando observamos el compromiso de aquellos cuyos sistemas de creencia son tomados con la seriedad de un asunto de vida o muerte. Después debemos arrepentirnos y volvernos a entregar a Cristo antes de que enseñemos a otros. ¡Que no enseñemos a los nuevos creyentes a entregar menos a Cristo que lo que hicieron a sus dioses anteriores! ¡Que Dios pueda enseñarnos con su entrega anterior a servirle aún más fervientemente!

El avivamiento parecía haber comenzado cuando mis padres iniciaron un nuevo ministerio en un pueblo del condado de Szabolcs; sin embargo, el avivamiento no había comenzado con ellos. Uno por uno, algunos de los líderes clave del Partido Comunista se hicieron cristianos a través del ministerio de mis padres. Estos líderes incluían el presidente de la Comisión, el secretario del KISZ local (Concilio Juvenil Comunista, por sus siglas en húngaro), y de otros en posiciones clave y respetables.

Había una señora en el área que estaba a cargo de convencer, influenciar y cambiar a las personas por medio de la propaganda comunista. (Es interesante que, originalmente, "propaganda" significaba "diseminación de la fe" [*Propaganda Fide*].) Cristo la encontró mientras ella iba a los muchos villorrios y pueblos en el área. Cuando se hizo cristiana solía decir, "Si era así de diligente para ganar a todo el mundo para el partido, lo mismo debo ir a cada villorrio y pueblo, a cada casa, para ganarlos para Cristo". ¡Y así lo hacía! ¡Era incansable para Cristo!

Con nuestra "vida centrada en la misión", ¿querríamos enseñar a una persona entusiasta que venga de otra fe a no orar tanto, a no trabajar tan arduamente, a no entregarse a su comunidad, a no ser tan religioso como era antes? Si lo hacemos, estaríamos fallando en una lección que podría ayudar a hacernos cristianos más devotos; les estaríamos quitando a los nuevos creyentes lo que tenían sin reemplazarlo con algo mejor. ¿Les ofrecemos una iglesia con puertas cerradas, una comunidad de fe donde aparecemos solamente si el entretenimiento del sábado no nos cansó demasiado? ¿O salimos corriendo por la puerta de la iglesia inmediatamente después de los servicios porque tenemos vidas demasiado de ocupadas? ¿Qué ofrecemos? ¿Queremos solamente convertidos, o queremos discípulos?

Mi hijo, un musicólogo nacido en libertad, escribió la disertación de su maestría sobre la música como herramienta de propaganda durante la dictadura. Con su investigación, pudimos revivir la historia frente a los libros, los documentos de archivo, los artículos, los estudios y las partituras musicales que inundaban nuestra sala de estar y otras partes de nuestra casa.

Aprendimos que no sólo los cristianos sufrieron. La opresión se extendió a los poetas, a los escritores, a los científicos, a los dueños de fábricas, y a los músicos que creyeron en algo por lo que estaban dispuestos a sufrir. Cobramos consciencia al leer sus reflexiones y comparar cómo vivieron a través del sufrimiento y cómo se relacionaban con él. Algunos fueron muy valientes, fueron a prisión y arriesgaron sus carreras. Algunos de los cristianos no lo hicieron.

El Señor Jesús sugiere que aprendamos de estas personas. Otros están a veces dispuestos a arriesgarse y a sacrificar más por algo corruptible y artificial que por lo incorruptible.

Cristo murió por nosotros y lo arriesgó todo. ¿Estamos nosotros dispuestos a sacrificarnos? Limitamos a veces la misión de Dios. La congregación está aquí, el Espíritu Santo está presente, pero se nos hace difícil sacrificar nuestra comodidad o el estar dispuesto a ser más dedicados. La holgazanería espiritual, el autosustento y la autoconservación nos hacen pensar que podemos hacer misiones cuándo, dónde y cómo lo queramos.

Los cristianos de hoy arruinan la palabra "misión" tanto como lo hicieron los fariseos durante los días de Jesús.

El juicio que más temo escuchar sobre la obra de las misiones es: "¡Ay de vosotros, escribas y fariseos, hipócritas! porque recorréis mar y tierra para hacer un prosélito, y una vez hecho, le hacéis dos veces más hijo del infierno que vosotros".[53]

Actúe

- ¿Qué piensa usted de esta reflexión acerca de los tiempos difíciles?: "Bueno me es haber sido humillado, para que aprenda tus estatutos".[54]

  - ¿Qué piensa usted en cuanto a los sufrimientos de Jesús? "Y Cristo, en los días de su carne, ofreciendo ruegos y súplicas con gran clamor y lágrimas al que le podía librar de la muerte, fue oído a causa de su temor reverente. Y aunque era Hijo, por lo que padeció aprendió la obediencia".[55]

  - Piense dos veces: ¡Si usted intenta evitar la aflicción y no tomar las misiones seriamente, se perderá algunas lecciones y muchos milagros!

- "¿Por qué miras la paja que está en el ojo de tu hermano, y no echas de ver la viga que está en tu propio ojo? ¿O cómo puedes decir a tu hermano: Hermano, déjame sacar la paja que está en tu ojo, no mirando tú la viga que está en el ojo tuyo? Hipócrita, saca primero la viga de tu propio ojo, y entonces verás bien para sacar la paja que está en el ojo de tu hermano".[56] ¿Cómo pueden estos versículos ayudarnos a mejorar la manera en que participamos en las misiones?

CAPÍTULO 7

¿Entiende Usted lo que Lee?

La manera de entender la Biblia no sólo es influenciada por nuestras culturas, sino también por los sistemas en los cuales vivimos. Además, los niños entienden los sermones de una manera totalmente diferente a lo que nosotros pensamos. Crecí en la iglesia; siempre que la puerta de la iglesia estuviera abierta, allí estábamos nosotros. Oí muchos sermones e historias de la Biblia, y memoricé muchos versículos de la Escritura. Leía y releía mi Biblia azul. Todavía hoy, recuerdo algunos de los versículos que más me desconcertaban como niña.

"Pues aun los cabellos de vuestra cabeza están todos contados. No temáis, pues; más valéis vosotros que muchos pajarillos".[57]

Esta escritura me causaba ansiedad como niña. Donde y cuando yo crecía, si el partido, la policía, o las agencias secretas tomaban un interés así en alguien, era muestra de sufrimiento potencial; nada bueno. La idea de que se me estaba vigilando estaba arraigada en mis pensamientos. No quería mi nombre en una "lista negra" o mi vida registrada en un fichero de III/III de la agencia secreta. Y eso que no se iba tan lejos como contar los cabellos de mi cabeza. La lectura de ese versículo me inquietaba. Al principio, siempre que oía este pasaje, el temor congelaba mi mente, así que no consideraba la parte de, "No temáis" y "más valéis vosotros". Inconscientemente, evitaba pasajes así.

"Oh Jehová, tú me has examinado y conocido.
Tú has conocido mi sentarme y mi levantarme;
Has entendido desde lejos mis pensamientos.
Has escudriñado mi andar y mi reposo,
Y todos mis caminos te son conocidos.
Pues aún no está la palabra en mi lengua,
Y he aquí, oh Jehová, tú la sabes toda.
Detrás y delante me rodeaste,
Y sobre mí pusiste tu mano".[58]

No encontraba que este pasaje fuera maravilloso ni sentía el mismo entusiasmo expresado por David: *"Tal conocimiento es demasiado maravilloso para mí; alto es, no lo puedo comprender".*[59] ¡Cuando era más joven, el salmo 139 me asustaba!

Ahora que soy adulta, Dios no está tan ocupado con mi cabello como antes, puesto que hay un número menor que contar. Entiendo la razón por la que evitaba por instinto estos versículos. Cuando la gente en el poder recopila información sobre uno —cuando uno es vigilado día y noche, se abusa de tal conocimiento, y se utiliza contra uno— no hay nada maravilloso sobre un conocimiento así.

(Mi temor por ser vigilada se me había ido por un tiempo; sin embargo, ahora, nuestro uso de la tecnología puede que me esté haciendo un oportuno recordatorio.)

Cuando vine entender que Aquél que me ama también me dice que "el Padre mismo [me] ama",[60] entonces creí que estaba bien que Él conociera todo sobre mí. De hecho, lo mejor es que lo sepa, puesto que nunca utilizará ese conocimiento contra mí, nunca me arruinará ni me destruirá con esa información.

"No se turbe vuestro corazón; creéis en Dios, creed también en mí. En la casa de mi Padre muchas moradas hay; si así no fuera, yo os lo hubiera dicho; voy, pues, a preparar lugar para vosotros. Y si me fuere y os preparare lugar, vendré otra vez, y os tomaré a mí mismo, para que donde yo estoy, vosotros también estéis".[61]

Este es un pasaje favorito de todos los tiempos por dos razones. ¡Siendo que no se nos permitía viajar, cualquier pasaje bíblico que describiera no sólo a un Dios que viene a nosotros, sino que un día nos llevará donde Él está, sonaba maravilloso! Todavía quiero ir al cielo. ¡He viajado a muchos lugares hermosos y me gustaría ir a mucho otros, pero el cielo sigue siendo mi sueño de la niñez todavía por realizar!

Mi primer viaje a los Estados Unidos fue al Mount Vernon Nazarene College (ahora "University") en Ohio. ¡No podía creer que hubiera tanto *espacio* y que uno pudiera experimentarlo libremente! Esta es la segunda razón por la que me fascinaba este versículo y lo memorizaba. Cada mañana repetía de memoria aproximadamente 15 a 20 pasajes bíblicos antes de irme a la escuela. Este pasaje era con frecuencia uno de ellos. Soñaba despierta de la casa del Padre donde habría muchas moradas. Me encantaría leer un libro completo con una explicación bíblica de las muchas moradas en la casa de mi Padre. Todavía esto me fascina.

Una vez oí por casualidad a un misionero hablar de nuestro país y explicarles a otros extranjeros que a los húngaros les gusta vivir en pequeños apartamentos y en casas bien apretadas. Qué conclusión tan interesante. Quise gritar y decir, "¡No, no nos gusta vivir en condiciones apretadas! ¡Apenas tenemos suficientes cuartos! ¡Pero *en la casa de mi Padre* hay muchas moradas!"

Nosotros cuando niños teníamos maneras interesantes de interpretar la Palabra de Dios, a menudo fuertemente influenciados, no por nuestro conocimiento, sino por cómo experimentábamos nuestra realidad circundante. Y quizá, los adultos lo hacemos también.

ACTÚE

- Piense en algunos de los lentes que usted utiliza:
  - Al leer la Palabra de Dios:
    - Si algo es de valiosa estima a su corazón, ¿por qué lo es?
    - Si usted evita o le desagradan algunas de las verdades que Dios revela sobre sí mismo, ¿por qué piensa que lo hace?
  - Al pensar en misiones:
    - ¿Qué aspectos de las misiones lo ponen tenso o ignora?
    - ¿A cuáles facetas de las misiones se siente usted especialmente atraído?
    - ¿Cómo se relacionan estas respuestas con sus experiencias de la vida o su comprensión de la Palabra de Dios?

CAPÍTULO 8

Hacia el Oeste: El Sanatorio Suizo

Imre y yo sentíamos un llamado a prepararnos para el ministerio y queríamos entender la santidad escrituraria. Una joven dama nazarena que había pasado algún tiempo en Hungría, y que había oído de nuestra historia y de nuestra pasión por aprender, nos animó a ir al European Nazarene College (EuNC) en Busingen, Alemania,[62]. Después de conocer más sobre EuNC, embalamos nuestras pertenencias y, junto a nuestro joven hijo Rudolf, nos trasladamos a Busingen.

EuNC fue el sitio en donde primero conocí a rusos que eran cristianos. ¡Estaba asombrada! En casa, eran el enemigo. En Busingen, los oía orar en la lengua de mis opresores.

Cuando crecía en Hungría, el aprendizaje del ruso era obligatorio. Si uno era un "húngaro verdadero" y no un comunista, odiaba el ruso. Pero en mi caso, me enamoré del idioma pensando que era hermoso, así que me inscribí en un curso especializado donde teníamos ocho clases de ruso por semana. Sin embargo, esto me causaba sentimientos encontrados como muchacha de escuela intermedia y secundaria.

Recuerdo una noche en EuNC cuando compartíamos sobre nuestras vidas —dos rusas y una húngara. Dos de nosotras habíamos sido cristianos perseguidos, mientras que la otra había vivido con la elite de los perseguidores.

Cuando regresé a la casa, comencé a sollozar. Imre quiso saber la causa.

"¿Pasaste buen rato con tus amigas rusas?"

"Sí".

"¿Cuál es el problema? ¿Por qué lloras?"

"Compartimos nuestras historias de persecución".

"Mária, necesitas perdonar".

"He perdonado, pero todo es tan complejo. ¡Incluso sufrieron más que nosotros! Así que, ahora tengo que dejar de pensar: '¡Estos rusos!'"

Satanás quiere volver naciones contra naciones, y hermanos contra hermanos. Tuve que abandonar la noción de que de lo que se trataba era de rusos contra húngaros y aceptar el hecho de que no era otra cosa que Satanás contra el pueblo de Dios, el cual utiliza a cada criatura de Dios contra los creyentes.

"Lloro porque dos de nosotras sufrimos", continué, "sin embargo, a medida que compartíamos, la persona que vivía en 'los palacios y los templos' del comunismo decía, 'No puede ser verdad. Lo habríamos sabido. Lo habríamos notado'. Juntas, mi compañera de clase rusa y yo intentamos convencer a la otra persona rusa de que todo sobre la persecución había ocurrido, que habíamos experimentado verdadero dolor, y que habíamos perdido a parientes nuestros. Es nuestra historia de vida".

Masa, una de las estudiantes rusas, no quiso creer las historias crueles del pasado. Me lastimó mucho. Sentía que ni siquiera poseía mi historia. Seguí oyendo su voz, "No es verdad. No puede ser. Esa gente que acusas eran comunistas, pero eran personas buenas; no eran crueles".

Por favor, permítanos ser dueñas de nuestra historia; que nuestra historia sea parte de nuestras historias combinadas —la suya y la mía. Si niega nuestras historias, nos niega a nosotros.[63]

Esto es exactamente lo que repetí en una conversación en la Conferencia Global de Teología, donde los teólogos nazarenos se reúnen para discutir asuntos teológicos relevantes desde un punto de vista nazareno. A medida discutíamos las reflexiones tristes de los adultos que habían experimentado el apartheid y cómo esas experiencias se convirtieron en parte de sus historias personales y de la historia de la iglesia, algunos que escuchaban las comprendían. Otros se cansaron de oír a nuestros hermanos y hermanas mientras relataban de nuevo las historias y reflexionaban y les hacían duras preguntas.

No se cansen de escuchar ni nos digan que nos callemos; no permitirnos ser dueños de nuestras historias es otra forma de opresión. No nos digan que rehagamos nuestras vidas y sigamos adelante en nuestro peregrinar. Nunca debemos desprendernos de las partes feas de nuestras historias. (Si lo hiciéramos, ¡demasiadas páginas de la Biblia necesitarían también desprenderse!) Las porciones feas son parte de nuestras historias hermosas de milagros, confesiones y perdón. A través de lo que experimentamos, lo feo y lo hermoso combinado, somos conformados en una unidad, que es el cuerpo de Cristo. Contar nuestras historias es parte del proceso curativo, y allí puede que se necesite una parte confesional de la historia que deba ser añadida para los que fueron victimarios.

Estoy consciente de que el que contemos de nuevo nuestras historias puede ser doloroso y drenar emocionalmente a los oyentes, pero es importante para nosotros contarlas y para usted escucharlas, y, a su vez, que usted cuente las suyas y nosotros las escuchemos. Hoy usted me escucha a mí, mañana yo necesitaré escucharlo a usted. Es un proceso de aprendizaje para todos.

Dios nos ordena que recordemos, que sigamos narrando, y que instruyamos sobre la manera en que nos ha traído a través de la esclavitud, la persecución y la opresión y cómo nos ha sacado de todas ellas.[64]

Al igual que mi amiga cristiana rusa no quiso creer nuestras historias de persecución, estoy plenamente consciente de que nosotros podríamos construir otra Casa del Terror en donde mi propia gente fuera el grupo opresor en las faldas de los montes Cárpatos. Todos tendemos a pensar de nosotros mismos como lindas personas y de otros como "feos" o "malos".

Parece como si hubiera dos "proyectos de misión" en el mundo. En la misión de Satanás, él, "como león rugiente, anda alrededor buscando a quien devorar".[65] Dios, en su misión, no quiere que nadie perezca, sino que todos tengan vida eterna.[66] Intentamos entablar la misma polémica con Dios como la que entabló Pedro, preguntando qué es limpio, qué se puede tocar con manos cristianas superlimpias, y qué pueblos nativos no debemos tocar debido a peligros o a "la falta de limpieza". Según lo que se dice en Hechos, ya no hay nada sucio dentro del lienzo.[67]

Estoy tan feliz de que EuNC no nos considerara indeseados ni sucios; fue un lugar de sanación para mí. No había profesores que nos humillaran; realmente querían que tuviéramos éxito. En EuNC, tener una fe fuerte era algo que se apreciaba. Nunca antes había visto tanta amabilidad concentrada en un mismo lugar.

Para el título de este capítulo utilicé el término "sanatorio". Ir a EuNC fue como ir a un lugar donde ofrecen tratamiento para la tuberculosis. El aire de ser libres nos resultaba en extremo fresco; era como tener pulmones que habían sido curados.

Recuerdo a los germanoorientales compartir durante la capilla acerca de sus primeras experiencias con una puerta automática, o con un inodoro que descargaba de una manera diferente a la que ellos acostumbraban. ¡Nos reíamos hasta más no poder! Nos reíamos de dolor y de nosotros mismos. Ahora reíamos libremente, y reíamos porque sencillamente se sentía bien hacerlo.

EuNC nos reunía de lugares tan lejos los uno de los otros. Éramos presentados unos a otros, no como enemigos o falsos hermanos,[68] sino que éramos invitados a redescubrir el resto del mundo juntos.

En EuNC, a los estudiantes que recibían asistencia económica se les asignaba trabajo en el recinto universitario para compensar por el costo de su educación. Cuando Imre y yo comenzamos nuestros estudios, empezamos con la limpieza de los inodoros del sótano. Para el final de nuestros estudios, habíamos ascendido hasta la biblioteca. Un estudiante, habiéndose puesto sus lentes culturales, nos preguntó, "¿No detestan tener que limpiar los inodoros?

Ustedes dos están estudiando, tienen un hijo, y tienen que trabajar muchas horas. Limpiar los inodoros debe ser humillante".

La miramos, y sentí como que quería abrazarla o salir cantando o estallar de risa. Entonces le dije, "No querríamos estar en ninguna otra parte sino aquí. La limpieza de los inodoros aquí es un privilegio para nosotros. ¿No te das cuenta que esto es parte del don perfecto desde arriba para nosotros?"

Para mí, EuNC será siempre el lugar conmemorativo de reunión con los cristianos de todas partes del mundo: Europa y Asia, Australia y Estados Unidos.

Cuando regresamos a Hungría queríamos llevar con nosotros la enseñanza de la santidad y su perspectiva de vida, y el sentir del aire limpio de un sanatorio que colmara la gente de nuestra iglesia.

Los líderes de la iglesia que visitaban nuestro país traían consigo más de este mismo sentir. Nuestro primer superintendente de distrito no era húngaro, por lo que esperábamos que por lo menos hubiera una sensación de "Este" y "Oeste" entre el superintendente de distrito y la gente de nuestra iglesia. Pero cualquier persona que buscara esas señales lo haría en vano. No era su nacionalidad lo que lo definía,[69] sino su pertenencia a Cristo. Esto era un nuevo concepto para nosotros, ya que estábamos acostumbrados a buscar la identidad de una persona en el cambio súbito de fronteras y por su importancia en el medio. Pero con nuestro superintendente no había este, oeste, norte o sur, sino solo Cristo.

El superintendente de distrito es un líder, y sabíamos lo que era un líder. Los tuvimos durante nuestra época bajo el comunismo, solo que no los llamábamos superintendentes. Cuando los nuevos nazarenos húngaros veían a *este* líder trapear el piso, arreglar las sillas o limpiar, le decían, "Usted no debe hacer esto".

Es interesante cómo un líder-siervo puede hacer que algunas personas se sientan así de incómodas. Nuestros discípulos húngaros reaccionaron de diversas maneras a esta actitud.

¿Cómo se siente usted cuando va a un país en donde podría ejercitar enorme poder, y hasta abusar de él? Las personas en un lugar así están acostumbradas y le servirán, serán humildes, y le mostrarán respeto. En esta situación, algunas personas disfrutan del poder y piensan, "Aquí soy rey. En casa, soy solo otra persona". ¡Qué tentación!

Algunos líderes son bien conscientes de que se les considera poderosos en una cultura de misión, pero "no consideran *su poder como un mayor poder sobre un pueblo nativo'*, algo para ser utilizado para ventaja propia", sino que se vacían a sí mismos y comienzan a lavar los pies de los discípulos. Cuando los nazarenos con menos poder dicen, "Usted nunca me lavará los pies, ni limpiará el lugar después de la reunión, ni lavará los platos. Nunca, señor".

Un líder-siervo contesta, "A menos que hagamos esto, ni tú ni yo tendremos parte con Cristo, ni el uno con el otro".

En aquellos años tempranos, nuestras historias de misión eran lo que hacían los líderes, cómo se humillaban a sí mismo, cómo abandonaban sus derechos, hábitos y privilegios de su nacionalidad de origen.

Los líderes-siervos crean sanatorios para los que necesitan ser curados del abuso pecaminoso de poder, sea por ellos o sobre ellos. Comparten un bálsamo curativo con los que sufren de dictaduras crueles, de humillación y de otros tratos abusivos de la gente.

Usted puede ser fuente de curación para gente que ha sufrido tribulación. Estamos a menudo deseosos de dar y compartir, especialmente a partir de lo que nos es abundante. Puede que sea amable de nuestra parte concederles a otros nuestra tecnología más reciente, pero puede que no sea lo que más necesitan.

Compártase usted mismo. E incluso si usted da *cosas* a otros, no substituya lo que usted tiene por lo que usted es.

ACTÚE

- Autorreflexión:
  - ¿Quién soy yo? ¿Se ha convertido mi nacionalidad/etnia en mi primera identidad? ¿Bloquea de alguna manera mi participación en la misión de Dios? ¿Necesito repensar dónde están mis compromisos más profundos? ¿Bajo qué pacto actúo?
    - ¿Qué podrían significar las declaraciones siguientes en cuanto a cómo actuamos hacia los pueblos nativos?
    - "[Y] me serán por pueblo, y yo seré a ellos por Dios".[70]
  - "De este modo todos sabrán que son mis discípulos, si se aman los unos a los otros".[71]
  - ¿Cuáles son los puntos de arrogancia en donde yo me pongo sobre otros?
  - ¿Sobre qué pueblos nativos yo me considero superior, y por qué?
  - ¿Cuán profundamente piensa usted que debe humillarse a sí mismo? ¿Y cuán profundamente está dispuesto a ir y hacerlo?
  - El pasaje siguiente nos muestra la profundidad de la humildad de Cristo: Él "se despojó a sí mismo, tomando forma de siervo, hecho semejante a los hombres; y estando en la condición de hombre, se humilló a sí mismo, haciéndose obediente hasta la muerte, y muerte de cruz".[72] ¿Emulo yo esa humildad?

- Dar de sí mismo:
  - ○ Cuando usted dé, dese a usted mismo —no solo cosas. Usted no ha dado nada a menos que se haya dado a sí mismo.
  - ○ Aprenda orar oraciones de humildad. Escriba su oración personal de la humildad. Hágala sincera y personalizada, nombrando los puntos de arrogancia y de poder donde necesite humildad como la de Cristo.
  - ○ Mientras piensa para escribir su propia oración, puede comenzar con esta:

¡Oh, Señor Jesús! manso y humilde de corazón, escúchame.

Del deseo de ser estimado,

Líbrame, Señor Jesús (repítalo después de cada una de las líneas siguientes):

Del deseo de ser amado,

Del deseo de ser alabado,

Del deseo de ser honrado,

Del deseo de ser elogiado,

Del deseo de ser preferido por otros,

Del deseo de ser consultado,

Del deseo de ser aprobado,

Del temor de ser humillado,

Del temor de que se me trate con desdén,

Del temor de sufrir reprimendas,

Del temor de estar sujeto a acusaciones malévolas,

Del temor de ser olvidado,

Del temor de ser puesto en ridículo,

Del temor de ser agraviado,

Del temor de que se sospeche de mí,

Que a otros se les ame más que a mí,

Señor Jesús, concédeme la gracia de desear (repítalo después de cada una de las siguientes líneas):

Que a otros se les estime más que a mí,

Que, según la opinión del mundo, otros puedan crecer y yo menguar,

Que otros puedan ser elegidos y yo ser puesta a un lado,

Que a otros se les elogie y yo pase por inadvertido,

Que a otros se les prefiera más que a mí en todo,

Que otros puedan llegar a ser más santos que yo, suponiendo que yo pueda llegar a ser tan santo como deba.[73]

- ¡La misión sin humildad puede ser peligrosamente destructiva tanto para el que la otorga como para el que la recibe! ¡Disfrute del viaje de la humildad! "Bienaventurados los mansos!"[74]

CAPÍTULO 9

HACIA EL ESTE:
¿PUEDE ALGO PEQUEÑO SER PODEROSO?

Cuando trabajábamos en la biblioteca del European Nazarene College (EuNC), una de nuestras tareas era retirar el material caduco de escuela dominical. (Siendo que la fecha estaba vencida, nadie lo utilizaba.) Se nos instruía a echar los materiales en la basura.

Recolectábamos los cúmulos de material con un sentido de malestar. Y era que todo el tiempo estábamos pensando, "¿Cómo puede ser posible que se esté desechando un tesoro tan grande? Excelentes lecciones, hermosas fotografías a color, un currículo completo ya establecido. Maestros, con poca preparación, pueden sencillamente prepararse y enseñar".

Después de vacilar un poco, le preguntamos a la bibliotecaria si podíamos guardarlo para nosotros; aunque se mostró sorprendida, estuvo de acuerdo. Entonces le preguntamos al administrador de la propiedad si podríamos disponer de algún pequeño espacio en el desván para almacenar nuestro tesoro; se mostró sorprendido, pero estuvo de acuerdo. Por varios años recogimos material caduco de escuela bíblica[75] para el día en que regresáramos a casa y llevarlo con nosotros.

Finalmente, llegó el día en que estábamos listos para regresar. Cargamos todas nuestras posesiones, pero no había sitio para las cajas del material de escuela dominical caduco. Las cajas seguían al lado de la furgoneta.

Para entonces, ya anochecía. Nos mirábamos unos a los otros, pues había llegado el momento que nuestros ayudantes temían. Descargamos la ropa, las cajas de artículos personales, y algunos de nuestros muebles. Las cajas de materiales de escuela dominical cabrían, pero ahora eran los artículos personales los que se habían quedado a lado de la furgoneta.

Nos acercamos ávidamente al administrador de la propiedad y le dijimos: "Como sabe, nos estamos mudando y vamos de regreso a casa. No sabemos cuándo tendremos ocasión de volver o si alguna vez lo haremos. (Todavía no nos habíamos acostumbrado a viajar hacia Oeste.) No vamos a poder acomodar algunos de nuestros artículos personales, y es todo lo que tenemos como familia. ¿Nos permitiría almacenarlos en el desván durante uno o dos años? Si no regresamos para ese tiempo, puede regalarlos o echarlos a la basura".

Se mostró sorprendido, pero estuvo de acuerdo. (Ya para entonces, seguramente la facultad y el personal de EuNC se había acostumbrado a los hábitos extraños de los europeos del este y del centro.)

Partimos, pues, felices con el material y haciéndonos de ideas sobre cómo sería utilizado. En los meses siguientes, lo mostramos a varias personas. (En este momento, Hungría no tenía literatura cristiana de esa calidad.) Todo el mundo que la veía quedaba encantado.

Tanto los estudiantes teológicos de quienes éramos profesores, como los maestros de escuela dominical de varias denominaciones, se enamoraban del material. ¡El único problema era que estaba en inglés!

Una vez comenzamos a fundar iglesias, ayudábamos a los futuros maestros de escuela dominical —en un programa oral de entrenamiento a— prepararse para sus clases. Lo hicimos por casi un año.

Un regalo navideño que sigue regalando

A medida se acercaba la Navidad hablábamos de qué regalos especiales podríamos dar a los niños de la escuela dominical nazarena y a los que asistieran de la comunidad. Casi a la misma vez varias personas expresaron una misma idea: "¡Una lección de Navidad en húngaro con lindas páginas de actividades!"

Solo necesitábamos una lección para probar si se podía utilizar en nuestra cultura, si los niños iban a querer algo tan diferente de lo que habían visto. Madres y padres nazarenos, quienes además eran maestros pioneros de la escuela dominical, se reunieron y pidieron ayuda, coincidiendo en solicitar una misma cosa.

Ahora viene el tiempo de confesión. Continúe leyendo solo si puede perdonarnos. ¡La Casa Nazarena de Publicaciones ya lo ha hecho! Es un pecado con el que ya hemos tratado.

Semanas antes de la Navidad de 1998, creamos un folleto de cinco lecciones —uno lección para cada domingo de Adviento y una para el día de Navidad. Tradujimos el material, lo corregimos, trabajamos en las páginas de actividades y en la presentación de las páginas, hicimos los cambios culturales, y entonces… lo imprimimos en un folleto a colores.

Todo lo hicimos en las noches, trabajando hasta tarde en la sala de una casa. Hubo una mamá, nuestra líder de escuelas dominicales del distrito, que trabajó más arduamente que nadie. Cuando le preguntamos por qué había empeñado tantas horas de trabajo, nos dijo que valió la pena por su hijo, por *nuestros* hijos. Sentía que los niños húngaros merecían esta sorpresa.

No sé cuánto tiempo usted gasta en las compras navideñas, pero para nosotros, no habríamos podido dar un mejor regalo a los niños que este. Una de las actividades en que todos los niños participarían en ese año era haciendo ángeles de papel. Cada niño llevó un ángel a la casa.

Ya para ese tiempo la cultura occidental había inundado nuestro país y por lo tanto los niños solían llevar al Hombre Araña, a Superman y a los dinosaurios a las guarderías infantiles y las escuelas. ¿Quién habría pensado que los niños nazarenos llevarían consigo ángeles y otras figurillas de actividades para mostrarlas a amigos y profesores?

Un domingo, al enviar a los niños a casa, uno de ellos devolvió tímidamente su página, pidiendo una nueva. Le preguntamos por qué la otra no era lo suficientemente buena, a lo que el niño respondió que necesitaba una que no estuviera arrugada porque sus padres le habían prometido encuadernar todas las páginas para prestárselas a otras familias.

Hubo un lugar en una iglesia recién fundada en donde asistían solo personas mayores. No había niños. Se reunían en una casa. Cuando el grupo vio lo que los otros grupos nazarenos estaban utilizando, pidieron el mismo material. Les explicamos que tomó mucho tiempo en crear estos materiales y era costoso imprimirlos. Les dijimos que los materiales eran hechos en casa, y también les señalamos que eran lecciones para niños y que en el grupo de ellos no había niños.

Nos constataron que ese era su problema. Cuando al fin imprimimos algunas lecciones para su misión, las abuelas se encargaron de reunir un grupo de niños de entre sus propias familias y del pueblo, y pudieron empezar una escuela dominical.

Balazska, un muchachito de solo cuatro años de edad, era uno de "los niños que se reunían". Asistía a la escuela dominical regularmente y aprendía del Señor Jesús y oraba. Un día que el papá de Balazska se encontraba un tanto ansioso e impaciente porque su esposa tenía un examen difícil que aprobar, le explicó su impaciencia al hijo, a lo que Balazska sugirió que oraran por su mamá.

Más tarde el papá nos contó que se quedó sorprendido, y que había tenido que admitirle a su hijo que nunca había ido a la iglesia y que no sabía orar. El niño de cuatro años le explicó que había aprendido a orar en la escuela dominical, así que los dos "hombres" oraron, siendo dirigidos en oración por el "hombre" más pequeño.

Por haber crecido en el comunismo, el papá atestiguó que nunca había asistido a la escuela dominical. Podía ser parte de una generación perdida. Sin embargo, la gracia de Dios es tan maravillosa que se había extendido a la generación siguiente, la cual ahora le estaba enseñando a sus padres.

Pensamos en los jóvenes como tesoros, y hay esperanza para el futuro. ¡Dios ha usado a los hijos para que se les devuelva a los padres lo que se les había quitado! Pero no solo son el futuro; Dios los está usando ahora. En nuestro caso, los hijos han resultado ser los mejores evangelistas. Se está dando una influencia trasgeneracional:

una generación afecta a la siguiente, y continúa desarrollándose mientras la historia es compartida.

Los jóvenes no eran esclavos de las lesiones pasadas; eran libres de los temores sufridos por sus padres. No veían a espías en todos los que los rodeaban. Estaban llenos de confianza y de esperanza, y eran libres de llevar el evangelio a sus amigos y a sus escuelas, y de mostrar las hojas de historias de la Biblia a sus maestros. ¡Dios ha dado un nuevo día!

Los padres traían a sus hijos a los hogares de nuestros maestros de escuela dominical (para aquel entonces, todavía no teníamos edificios), y tocando a la puerta suplicaban, "¿Le permitirían a mi hijo también asistir?"

Algunos padres venían de lejos y no tenían tiempo para ir a la casa y volver. Así que, se sentaban en las escaleras, y allí esperaban mientras sus hijos aprendían sobre Dios, algo que no se les había permitido a los padres hacer.

Se nos invitaba a visitar guarderías infantiles y escuelas. Sabíamos que tales momentos de gracia no durarían mucho, así que teníamos que estar preparados para hacer lo que se nos requiriera cuando se nos ofreciera la oportunidad. Dios preparaba y utilizaba momentos así porque estábamos listos, y lo continúa haciendo.

En 1998, apenas nueve años después de la caída de la Cortina de Hierro, caminábamos por algunas de las calles de Hajduhadhaz durante la temporada de Adviento. Mientras caminábamos notamos familiares ángeles de papel puestos en las ventanas, y supimos que se trataba de hogares nazarenos y de familias que llevaban a sus hijos a la escuela dominical. ¡Los ángeles de papel se habían encaminado a numerosos hogares en aquella Navidad!

Es el año 2016. Cada año sacamos de las cajas los ornamentos para el tope del árbol de Navidad. Aunque tenemos tres para elegir, ponemos siempre dos de regreso en sus cajas porque el ganador siempre es el ángel de papel que nuestro hijo preparó hace casi 20 años. Ese ángel ocupa el tope del árbol navideño como recordatorio de un tiempo pasado y quizá un tiempo futuro cuando incluso los ángeles de papel podrían prohibirse. Sin embargo, sabemos que éramos y seremos rodeados por los ángeles de Dios que nos guardarán contra todo poder.

¿Cuán lejos pueden llegar los ángeles? ¿A cuántos hogares? ¿Tendrán que parar y descontinuarse? Son tantas las veces que disfrutamos de la fascinación de "ángeles que aparecen", de nuevos ministerios que comienzan. ¿Pero qué viene después del comienzo? ¿Habrá los que continuarán apoyando el ministerio para verlo prosperar?

Nuestro Dios es un Dios que no sólo comienza algo —"el que comenzó en vosotros la buena obra, la perfeccionará hasta el día de Jesucristo".[76] Necesitamos volvernos más como Él. Hay algo de divino en la "perseverancia en hacer". Sí, comenzamos a enviar ángeles a los hogares para ayudar a los padres que no se habían criado como cristianos durante comunismo, y el material de escuela dominical ha sido una gran ayuda para los maestros, los padres y los abuelos.

Sin embargo, necesitamos la ayuda del lector. Esta es la oportunidad para que logremos algo juntos: "Por tanto, id, y haced discípulos a todas las naciones, bautizándolos en el nombre del Padre, y del Hijo, y del Espíritu Santo".[77] Los planes de la misión a veces se vuelven viejos, los intereses cambian, y los que se unieron al principio tienden a abandonarlos. Puede que usted quiera oír una nueva historia de nuestra parte, pero tenemos la tarea de perseverar, de llevar a buen término el enseñar y el hacer discípulos. ¿Perseverará usted con nosotros? ¿Nos ayudará a continuar trayendo la enseñanza de Cristo a los hogares de la gente? Todavía necesitamos su ayuda para proporcionar materiales que compensen los 40 años que pasamos sin ellos.

A veces hay oportunidades como estas que se nos escapan. Lamentaremos las oportunidades perdidas si no las utilizamos para alcanzar las almas para Cristo, incluso las almas de los niños. No queremos tener que pedir perdón por haber perdido la próxima generación de una nación.

Comenzamos a vender el material a 19 denominaciones, incluso a iglesias establecidas desde hacía tiempo. Varios maestros de profesión se acercaron a nuestra oficina de distrito, la que servía como librería antes de que se comenzara un sitio web para la venta del material de escuela dominical, y comentaron, "Este material es muy diferente. Es más espiritual y va más profundo. Es un currículo bien profesionalmente pensado y ciertamente se traduce al lenguaje de los niños".

Desde esos días iniciales, el equivalente a cuatro años de currículo ya ha sido publicado en húngaro y se ha vendido a muchas instituciones. Incluso guarderías infantiles propiedad del gobierno compran el material como el currículo para su clase de religión.

Extendemos nuestras gracias a todos los que han participado escribiendo las lecciones, editándolas, publicándolas, imprimiéndolas y enviándolas. ¡Ustedes han participado en la misión! Me alegre mucho haber contado esta historia, porque ¿cómo usted hubiera sabido de que su ángel vino a Hungría y tocó las vidas de muchos niños?

Los niños que recibieron esos ángeles —de edad de guarderías infantiles en aquel tiempo— ahora sirven en comités y concilios de distrito, lo que incluye el comité de campamentos de distrito (y algunos traerán a sus propios hijos a acampar este año).

Zoli, que era apenas un pequeño muchacho en aquel entonces, comenzó a servir en el concilio misionero el año pasado y lo continúa haciendo este año. Su corazón está con las misiones. Los materiales trajeron al Señor Jesús a su nivel, pues fueron traducidos no sólo al húngaro, pero a su categoría de edad y en colores. ¡Cómo desearía que usted hubiera visto cuánto significaban las páginas coloreadas de actividades para los niños!

Las oportunidades de los pequeños principios

Al principio de la obra nazarena en Hungría, el director regional de Eurasia nos preguntó acerca de nuestra declaración de misión. En aquel primer documento se encontraba esta frase: "Quisiéramos ser un refugio espiritual, un lugar de amparo, un asilo". En los primeros días en que planeábamos el trabajo en Hungría fuimos fieles a esa declaración, y continuamos siéndolo. Dios nos provocó a iniciar ministerios cuyas implicaciones totales no hubiéramos podido conocer; eran oportunidades para las cuales las semillas habían sido plantadas años antes. Nuestra experiencia en un punto dado nos llevaba y preparaba para enfrentar el próximo. Dios continúa trabajando de maneras que no podemos prever o comprender. Nos está preparando para el paso siguiente en la misión.

El pasado ha hablado, y ahora una nueva generación asume el liderazgo.

En la búsqueda y en el deseo de hacer algo monumental, necesitamos ser conscientes de las oportunidades de los pequeños principios, de los pasos modestos. En el asombro de las abundantes ofrendas dadas por los que tienen mucho, no debemos pasar por alto las *dos* pequeñas monedas de cobre de la viuda pobre que tanto le llamaron la atención al Hijo de Dios.[78] No pierdan de vista las pequeñas cosas, y no menosprecien las pequeñas acciones que Dios ha hecho, puede hacer y está haciendo a través suyo.

Si usted busca el mayor impacto y en ello invierte su tiempo, puede ser que esté actuando en un lugar que no sea en el que el Señor quiera ver comenzarse un pequeño trabajo. Está de moda menospreciar los pequeños trabajos, incluso en la economía de la iglesia. Y está de moda fascinarse con lo grande y lo portentoso.

"Aquellos que no tomaron en serio los pequeños comienzos, ahora se alegrarán viendo a Zorobabel terminar las obras …"[79]

Puedo hablar quizá aquí por los que son de trasfondo similar y con historias similares: En nombre de lo pequeño, agradecemos a los que estuvieron dispuestos a alcanzar a Hungría antes que a un gran trabajo que hubiera elevado su posición en la iglesia. Ustedes no quisieron hacerse los más grandes, ni hacer lo más grande, ni crear el proyecto más eficaz de todos. No nos miraron como poco prometedores, sino que nos abrieron sus corazones y se nos compartieron. Sabemos que habría sido más fácil, menos absurdo (a los ojos del mundo), ir adonde había fortaleza y, por lo tanto, sin demasiado riesgo. Gracias por "no menospreciarnos".

"No perdáis, pues, vuestra confianza…"[80]

Una nota al margen para los que se están preguntando sobre los eventos en este capítulo: Lo que dejamos en el desván de EuNC ya se ha sacado, y nuestros muebles y ropa han vuelto lentamente de nuevo a Hungría.

Puede que parezca un pequeño gesto o un acto de menor importancia, pero la misión es siempre una *decisión que* nosotros tomamos. Elegimos hacer algo o no hacerlo. A veces es escogimiento entre lo que usted toma consigo o lo que deja detrás. Son escogimientos que hacen diferencia y que tienen un impacto profundo en la misión. Entonces, ¿puede lo pequeño ser potente? ¡Sí! De hecho, los pequeños actos pueden llegar muy lejos. ¡No menosprecie los pequeños actos que usted pueda hacer para las misiones!

ACTÚE

- Las viejas historias no son "viejas" si son sobre la acción de Dios. Son intemporales. Son parte de nuestra historia colectiva, una parte de los salmos que necesitamos cantar en cuanto a cómo Dios actúa entre nosotros en nuestros tiempos y lugares. ¿Cuáles son algunas de las historias de misión que ha visto en vídeo, ha oído o ha leído, que han tenido un impacto en usted? Estas historias verdaderas de Dios nunca se vuelven anticuadas. Piense en retrospectiva, relátelas de nuevo, reléalas, o mírelas otra vez. Dé gracias de nuevo por la acción de Dios en nuestra historia.

- ¿Puede usted pensar en recursos en su iglesia u hogar que no se estén usando, o no lo suficiente? Si es así, ¿cómo podrían ponerse en mejor uso? ¿Cómo puede ser usted mejor mayordomo de lo que usted tiene?

  - "Se dice que la diferencia entre 'los que tienen' y 'los que no tienen' no es simplemente el obvio asunto de 'lo que poseen'... sino el hecho de que los que 'tienen' a menudo no utilizan su maravilloso recurso mientras que los que 'no tienen' darían cualquier cosa por ese recurso 'no utilizado o utilizado de menos'. Muchos... se preguntarán sobre el sentido de urgencia que aquí se presenta... por lo tanto, permítasenos clarificar: a menudo uno tiene los recursos, pero no el entusiasmo ni la voluntad para utilizarlos con el efecto más amplio posible. Otros, como los hermanos y hermanas de Hungría, han dado considerablemente de sí mismos en el esfuerzo de proporcionar estos recursos que en otras partes del mundo no son realmente apreciados".

(Cita del misionero John Haines, refiriéndose al ministerio húngaro del ángel)

- **Un Ejercicio en la Perseverancia:** Piense en un viejo proyecto, algo que era popular cuando primero se introdujo, pero que en un cierto plazo de tiempo su gente pudo haberse cansado de él, le perdió interés y quiso algo nuevo, así que el proyecto fue abandonado por los partidarios o los voluntarios. ¿Puede pensar en proyectos que, aunque puedan parecer pequeños y poco importantes, siguen vigentes y todavía pueden hacer algún impacto? De todos modos ¿quién dicta la "moda de la misión"? Hay demasiados proyectos de misiones que no continúan hasta su final porque en poco tiempo pierden su apelación aun cuando el trabajo no se haya terminado. Es así como arruinamos muchos buenos proyectos. No elija su base de apoyo según lo que lo haga a USTED y haga a SU iglesia importante, y según el impacto que USTED quiere obtener.

- Los fondos para la continuación y la sustentabilidad de los ministerios de la literatura son escasos, como se ha visto en este capítulo. Considérese también como una gran opción continuar publicando materiales de enseñanza y materiales wesleyanos de santidad en Hungría, y continuar educando y proveyendo recursos a nuestros ministros quienes a su vez preparen a todos los santos para la buena obra. Tales fondos se extienden más allá de la Iglesia del Nazareno y ayudan a otros creyentes también. Considere donar al fondo de literatura de Hungría. Por favor, indique que su ofrenda es para la Literatura de Escuela Dominical en Hungría —Cuenta Especial para el Área de Hungría.

- La apertura de la Iglesia del Nazareno en Hungría no hubiera podido ocurrir sin los generosos donativos al Fondo para la

Evangelización Mundial como genio cooperativo de la empresa misionera de la Iglesia del Nazareno. El Fondo para la Evangelización Mundial se basa en el concepto de que podemos hacer más trabajando juntos que lo que se podría hacer trabajando por separado. Para continuar haciendo discípulos semejantes a Cristo en el mundo, especialmente en los "pequeños lugares" como Hungría, su participación en este ministerio es vital.

CAPÍTULO 10

¿SE POSESIONA USTED DE LA MISIÓN?

La historia nos afecta a todos, y la manera en que la experimentemos nos formará para el resto de nuestras vidas. La manera en que veo la misión de Dios y los eventos del mundo de hoy es considerablemente afectada por algunos de los eventos clave en los cuales se nos ha permitido participar, y los cuales también han contribuido al éxodo de los pueblos nativos migrantes mencionados anteriormente.

Mientras nos encontrábamos en esclavitud en Hungría y luchábamos por nuestra libertad, era alentador ayudar a otros hacia su libertad. Bajo el comunismo, el lago Balatón era un lugar de vacaciones para los alemanes, pero también se convirtió en un lugar de reunión para las familias y los amigos de Alemania del Este y del Oeste separados por el muro de las ideologías, el temor y el odio, hasta 1989.

Momentos antes del colapso del comunismo en Hungría, los germanoorientales que estaban de vacaciones en Hungría presintieron el cambio que sobrevenía. No quisieron volver a la Alemania del Este, sino que prefirieron irse a la Alemania del Oeste. Nuestro último gobierno comunista, tras vacilar brevemente, les dio el permiso para que abandonaran el bloque comunista a través de Austria y hacia la República Federal de Alemania. Sin embargo, antes de que el permiso fuera concedido, los alemanes permanecieron en campamentos de refugiados en Hungría por unas semanas. Se trataba de un primer acto de abrir fronteras entre el Este y el Oeste, lo cual formaba una "gran grieta en el muro" —la decisión, se dice, llevó directamente a la caída del Muro de Berlín poco tiempo después.

Hace un par de años, caminábamos por las calles de Budapest y vimos estos rótulos por todas partes: ¡*"Danke Ungarn!* Alemania les dice gracias por el 1989" leía la pancarta montada por la embajada de Alemania. La gratitud expresada era por el picnic paneuropeo organizado por los húngaros en la frontera de Austria y Hungría. En ese día se había comenzado el desmantelamiento de la Cortina de Hierro. El evento estaba conmemorando el retiro de la primera parte de la cerca que separaba el Este del Oeste. Los germanoorientales habían venido a la celebración; y al abrirse la frontera, corrieron hacia Austria como un grupo.

De igual manera, y a medida que la gente comenzaba a levantarse contra los dictadores de los países vecinos del bloque del este, los refugiados húngaros étnicos comenzaron a cruzar ilegalmente las fronteras. Algunos recibían disparos y morían; otros eran capturados, encarcelados y torturados. Algunos lograban cruzar a nado, llegando completamente empapados. Otros llegaban enfermos. Algunos traían consigo a sus pequeños; otros venían solos o con un grupo de amigos o hermanos.[81]

Estos eventos afectaron nuestras vidas y nuestros hogares. ¡Qué tiempo y lugar para vivir eran aquellos! ¿Cómo podemos olvidar y actuar deslealmente respecto a esta herencia? ¡Nunca debemos olvidar el exilio en donde hemos estado, cómo Dios nos liberó, y todos los milagros que hizo en el camino! Nuestro pueblo nunca debe olvidar quiénes éramos en el pasado cuando actuemos en el presente. Nunca debemos olvidar el pequeño pero hermoso rol que Dios nos permitió asumir en el pasado. Incluso en mi corta vida he visto los muros levantarse y caer, y las cercas desmontarse y ser reconstruidas.

He pensado a menudo que hubiera querido escribir a mis amigos cuyas vidas afectaron las nuestras y cuyas vidas intentamos ayudar, haciendo a veces más de lo que pensábamos que era posible. Me pregunto a menudo donde estarán ahora esas personas. ¿Estarán ayudando a otros? Todos necesitamos ayuda en un momento u otro; nosotros los seres humanos hemos sido puestos al cuidado de cada uno de nosotros. Somos interdependientes. Ahora me pregunto, "¿Asumen la misión de ayudar a otros? ¿Se sienten obligados por gratitud a ayudar a alguien que esté donde ellos o ellas estuvieron alguna vez? ¿Lo recordarán?"

Yo sí lo recuerdo; *fui testigo presencial*. Recuerdo algunos nombres y varias caras que se convirtieron en parte de nuestras vidas durante algún tiempo. Hay muchas historias personales que las personas compartían al pasar por nuestro hogar, haciéndose así parte de mi historia. Si pudiera enviarles una carta, sería la siguiente:

Una Carta Abierta a mis Amigos los Migrantes

Hola amigos y amigas migrantes,

Espero que todos se hayan reasentados en sus nuevas vidas. No sé si me recuerdan, pero yo sí los recuerdo. En cierto modo, fueron estimados amigos para nosotros: se sentaron en mi silla y comieron de mi plato. Comieron mi pan y mis verduras. Utilizaron mi tenedor y mi cuchillo para comer, y bebieron de mi taza. Durmieron en mi cama.

Llegaban muy tarde con apenas la ropa que llevaban puesta. Tenían mucha hambre y sed cuando llegaban. No nos avisaban de antemano ni nosotros revisábamos nuestros calendarios. De hecho, no sabíamos que venían. Había golpes recios en la puerta o el timbre que sonaba, por lo regular en medio de la noche. Algunos de ustedes estaban mojados porque habían cruzado a nado ríos para llegar hasta nuestra casa.

Solo sabía que habían llegado porque me había ido a la cama en una recamara y cuando despertaba para ir a la escuela la mañana siguiente, estaba en otra.

Puede ser que no me recuerden; había bastante gente. Había varios de ustedes y varios de nosotros. Vinieron a nuestro hogar: un apartamento de 75 metros cuadrados (807 pies cuadrados) para 14 personas en mi familia, y algunos de ustedes se nos unían con cada nuevo grupo que llegaba. Las visitas de los extranjeros continuaban por semanas.

Nunca pregunté cómo era que sabían nuestros nombres y nuestro domicilio. ¿Cómo sabían adónde venir para cama, comida y un vaso de agua?

Compartíamos lo que teníamos cuando era necesario: nuestros metros cuadrados, nuestra comida, nuestra ropa. Ahora que se han reasentado, en nombre de mi familia me atrevo a pedirles solamente una cosa:

Recuerden abrir sus puertas a los extranjeros y a los refugiados. Denles su taza, su cama, su plato, su pan y sus verduras a alguien que esté en necesidad. Den solamente lo que tengan, pero denlo cuando sea necesario.

No hemos oído de ustedes, y está bien. Sí espero que otros hayan oído de su fe. Recuerden que eran creyentes bajo una dictadura y quisieron la libertad religiosa. Ahora que tienen probablemente esa libertad, les pido que recuerden utilizarla para llevar a cabo libremente la misión de Dios. Ahora están libres —libres y obligados al mismo tiempo a compartir todas las bendiciones con los demás.

Amigos ex refugiados, ustedes tuvieron hambre, estuvieron sedientos, eran personas sin siquiera una muda de ropa. Ustedes entienden lo que significa ser *uno de ellos*. Proporciónenle refugio a alguien, denles algo de comer, denles algo de beber. Cuénteles la historia de cómo fueron una vez los refugiados. No digan que sus casas no son lo suficientemente grande o que no tienen suficientes vasos o que no tienen tiempo. No se quejen de que no sabían de antemano y que no pudieron prepararse para los huéspedes.

Recuerden su historia y los que los recibieron. Yo lo recuerdo porque fui una testigo presencial. ¡Ustedes se lo deben a Dios quien les proveyó en días difíciles! Ésta es misión: recibir y dar, vivir la historia y relatarla de nuevo como fuente de ánimo para otros.

"Nuestra boca se ha abierto a vosotros, oh corintios; nuestro corazón se ha ensanchado".[82]

Desde entonces, el lector seguramente sabrá que los muros han sido quitados. Podría haber un gran campo de misión en sus países. Ahora el evangelio puede ser compartido libremente. Por favor, ore que alguien lo comparta.

Un miembro de su familia anfitriona

Aunque no poseo un pedazo del Muro de Berlín (supongo que estábamos demasiado ocupados ofreciendo ayuda), siento que tengo un pedazo grande de él en mi corazón y en mis memorias. Y creo que he contribuido de alguna forma a derrumbarlo. Algunas otras cercas han sido construidas desde entonces —según lo que estamos oyendo. Las fronteras que estaban cerradas para aquel tiempo —y difíciles de cruzar— han sido abiertas, pero podrían cerrarse otra vez en el mañana. Querré siempre estar presente ante algún muro para traerlo abajo —lo que sea que nos impida estar unidos en Cristo.

ACTÚE

- Si usted ha sido un refugiado, un migrante, un oprimido o un perseguido, ¿ha contado su historia de tal modo que la haya hecho parte de la historia del pueblo de Dios?

- Escriba un salmo sobre cómo Dios le liberó, enumerando todos los milagros que rodearon ese evento y anime a otros que se encuentren en situaciones similares.

- ¿Qué significa para usted el que Dios le haya dicho a su pueblo después de su liberación: "... extranjeros fuisteis en la tierra de Egipto"?[83]

- ¿Cómo puede abrir su hogar a otros?

CAPÍTULO 11

NOSOTROS SOMOS PEQUEÑOS, TÚ ERES PODEROSO

En 2015, me pidieron que diera mi testimonio en la conferencia regional de Eurasia, una reunión que atrae a más de 600 personas de unas 50 áreas del mundo, y en la cual discutimos asuntos que conciernen específicamente a la región de Eurasia. Me asombró el número de naciones representadas. Algunas son muy poderosas e imponentes. Otras son como la nuestra, pequeñas; y todavía otras, por las cuales mi corazón llora, están pasando por pruebas que nosotros conocemos bien.

Vengo de una nación pequeña. Cuando veía a personas de los países potentes y también de los impotentes, veía a imperios del pasado, a imperios económicos que ahora se están construyendo, y a otros que caen en las restantes categorías. Había personas de lugares que se consideran opresores, y de los que se sienten oprimidos. Eran personas que venían de las áreas del mundo que juegan los grandes juegos de gobernar el mundo, y de las áreas que son movidas de aquí para allá como las diversas figuras del ajedrez en las manos de los jugadores.

Sin embargo, como ciudadano de otro Reino, cuando miraba alrededor, veía hermanos y hermanas que habían elegido humillarse a sí mismos para hacerse pequeños.

Todos nosotros llevamos el poder y la autoridad del reino de Dios: el ministerio de la reconciliación, atar o desatar. La pregunta es: ¿Qué hacemos con este poder?

A la luz de eventos recientes, reflexiono en mi niñez y juventud y pienso de nuevo en haber vivido en el comunismo, y lo que haber vivido bajo persecución significa para mi vida después del comunismo. Sí, vengo de un hogar cristiano, de una familia pastoral. Recuerdo las historias personales de temores y de milagros.

Cuando oro por los perseguidos de hoy, doy siempre gracias por los milagros de los que no estoy consciente, convencida de que están ocurriendo. He experimentado cómo Dios actúa entre los oprimidos. He aprendido que experimenté a Dios durante la persecución como nunca lo hubiera podido hacer entre las exquisiteces de la vida.

En el verano de 2015, me encontraba en una posición interesante —una posición de poder— y reconocí temor en los ojos de "los otros". Conocía muy bien del mismo temor en mi propio corazón; era el temor de aquellos que no son bienvenidos.

Ministrábamos en los ferrocarriles, entre gente a las que ahora se les llama "refugiados". Eran rodeados por un cordón policiaco. Eran frecuentes las órdenes recibidas por las largas filas de gente: familias, madres jóvenes con hijos, ancianos y mujeres embarazadas.

"¡De pie!", oíamos. "¡A sentarse!"

Cada vez que oíamos la primera orden, nosotros también nos levantábamos con los que estaban detrás de los cordones policiacos. Luego, tras la siguiente orden, nos sentábamos en el piso de piedras de la estación. Ellos estaban dentro del cordón; nosotros fuera. Pero el movimiento armonizado nos hacía un solo grupo. Y a medida obedecíamos las órdenes, todos compartíamos historias de la vida. Tomamos fotos. Éramos seres humanos que nos habíamos hecho semejantes.

Con lágrimas en nuestros ojos decíamos adiós cada vez que un tren salía para Austria y Alemania con nuestros nuevos "prójimos". Un grupo de jóvenes gritó desde el tren, "¡Ojalá pudiéramos llevarlos algún día —cuando todo esto termine— a Siria y mostrarles uestro hermoso país! ¡Gracias por todo!"

No solo distribuíamos bocadillos o ropa o chocolate y juguetes a los niños, quienes, a propósito, eran muy amables y corteses. También nos sentábamos con ellos. Formábamos una confraternidad con ellos en las áreas de las estaciones del tren.

Este evento me hizo preguntarme: ¿Qué significa la reconciliación para mí hoy?

Significa no sólo perdonar a mis perseguidores (de otros países) y a mis opresores (de entre mis mismos conciudadanos durante el comunismo), pero olvidar lo que se me ha hecho y no hacerlo a otros. La reconciliación también significa que debo aceptar que no olvidarlo es un pecado (según lo define la parábola de los dos deudores[84]).

La reconciliación es también el entendimiento de que cualquier otra cosa que no sea olvidar sería abusar del poder que se me ha dado en el reino de Cristo. Además, cualquier otra cosa que no sea amar sería simplemente crueldad de mi parte.

ACTÚE

- Cuando usted ore por los que sufren por la fe, no solo interceda y pida a su favor. Recuerde alabar a Dios por todos los milagros de los que usted —y quizá ellos— no estén conscientes de que están ocurriendo en donde la fe trae sufrimiento.
  - Diríjase a Dios como el Dios de todas las naciones, que ve todo sufrimiento y que está en control.
  - Ore y pida tanto como pueda por aquellos que sufren (que tengan agua, comida, salud, seguridad, una vida humana normal, trabajo, y una mucho mejor vida). Pero no se detenga ahí; vaya más lejos en su oración. No limite su oración a la compasión humana o a centrarse solamente en necesidades humanas. Ore que todo suceda según la voluntad de Dios, y no solo que pase de ellos esa copa. Orar porque se quite el sufrimiento se podría percibir como falta de fe y visión. Piense más allá del mundo físico. Piense en que la misión ocurra, y en el despliegue de la historia de la salvación, y ore para que ello se dé.
  - Mencione las áreas específicas del mundo, la gente o las situaciones difíciles de las usted esté consciente.
  - Agradezca a Dios por el despliegue de la historia de la salvación entre los perseguidos, y agradézcale también por los milagros que están sucediendo.
  - Alabe a Dios como Vencedor y Libertador —pasado, presente y futuro.

○ Gima por usted mismo y por sus hijos, pensando en sus propios pecados y los de la próxima generación.

○ Ore en nombre de Cristo, quien aceptó voluntariamente el sufrimiento.

• ¿Cuál es para nosotros la lección de la pasión de Cristo y de la pasión de los mártires?

CAPÍTULO 12

¿TIENE UN MINUTO?

(LA PIEDRA DE RECORDACIÓN PARA LA MISIÓN)

Lo que sigue es una de las *Historias de un Minuto*, por István Orkény, quien escribió sátira, exagerando la realidad para evocar al mismo tiempo tanto empatía como disgusto. Cada historia es una crítica sana. Las *Historias de un Minuto* fueron publicadas en 1968, lo que refleja el tiempo en que nací.

Orkény era un miembro del Partido Comunista, no obstante, participó en la revolución de 1956 contra los soviéticos y los comunistas, de modo que la vida se le tornó difícil. Su vida (1912-1979) incluyó las historias que oíamos en nuestra familia sobre guerras, los cautivos en el frente ruso, la revolución y las tierras expropiadas por el partido.

Orkény cuenta de su propia historia de vida en un minuto. Sus historias son cortas porque su vida es interrumpida por guerras y otros eventos históricos. Necesitamos quizá aprender el uso de esta herramienta literaria. Para parafrasear a Henri Nouwen, el mundo y nosotros los cristianos nos hemos vuelto demasiado verbosos. Necesitamos aprender a cómo utilizar el silencio, a mantener preciso el evangelio, y a entender la esencia de la misión. Nuestras vidas no son sólo palabras; nuestras palabras deben ser interrumpidas por la realidad y de hecho lo serán: guerras y muchos otros eventos.

La historia siguiente es mi favorita. Orkény es anecdótico aquí, insertando observaciones críticas respecto a su propia gente. Es también una historia jocosa y con críticas de su tiempo expresadas a través de la sátira acentuadamente grotesca por la que era conocido.

Al tener en cuenta nuestra misión, necesitamos el humor y las críticas de Jesús a fin de examinarnos a nosotros mismos como sus seguidores. Así que ¿dónde nos colocamos? A continuación, una historia de un minuto, una crítica de un minuto.

La Última Semilla de Cereza Agria[85]

Quedaban apenas cuatro húngaros. (Es decir, en Hungría; todavía había bastantes de ellos dispersados en el mundo entero.) Moraban bajo un cerezo. Era un muy buen cerezo; ofrecía tanto cerezas como sombra, aunque lo primero solamente en temporada. Pero en cuanto a los cuatro húngaros, uno era medio sordo, mientras que dos estaban bajo vigilancia policiaca. Porqué los vigilaban, ninguno de ellos podía ya recordarlo, aunque de vez en cuando decían con un suspiro, "Estamos bajo vigilancia policiaca".

Solamente uno de los cuatro tenía nombre, es decir, sólo él podía recordarlo. (Su nombre era Sipos.) Los otros habían olvidado el suyo, junto con bastantes cosas más. Con solo cuatro personas, no es esencial que cada uno deba tener un nombre.

Entonces un día Sipos dijo, "Debemos dejar algo por lo cual se nos recuerde".

"¿Para qué?" preguntó uno de los dos hombres que estaba bajo la vigilancia de la policía.

"Para que cuando nos muramos, algo permanezca para la posteridad".

"¿A quién le va importar nada sobre nosotros para entonces?" preguntó el cuarto húngaro, el que no era Sipos ni tampoco uno de los dos hombres bajo inspección policiaca.

Pero Sipos se aferró a la idea y los otros dos lo apoyaron. Solamente el cuarto insistió en que el mundo nunca había visto una idea tan tonta. Los otros se sintieron muy ofendidos. "¿A qué te refieres?" dijeron indignados, "¿Cómo puedes decir tal cosa? ¡Probablemente ni siquiera seas un húngaro verdadero!"

"¿Por qué?" le respondió, "¿Es acaso una bendición ser húngaro en días como estos?"

Tenía razón en ese punto, así que dieron fin a la disputa. Se devanaron los sesos tratando de decidir que podían dejar para ser recordados. Tallar una piedra habría requerido un cincel. ¡Si solamente alguien de ellos tuviera un alfiler de corbata! Con él, Sipos razonó, podrían grabar un mensaje en la corteza del árbol. Permanecería en la corteza para siempre, como un tatuaje en la piel de un ser humano.

"¿Por qué no lo lanzamos una piedra grande al aire", sugirió uno de los dos que estaban bajo inspección policiaca?

"No seas tonto. Bajaría de nuevo", le dijeron. Él no discutió. Pobre hombre, sabía que era escaso de cerebro.

"Bien", dijo a los otros poco tiempo después. "Pero, ¿por qué ustedes no piensan en algo mejor, si pueden. ¿Qué sería algo que durara?"

Juntos, pusieron a trabajar sus mentes. Finalmente acordaron ocultar una semilla de cereza entre dos piedras (de modo que la lluvia no la arrastrara). Era obvio que no sería nada que se pareciera mucho a un monumento, pero por falta de alguna cosa mejor, eso bastaba.

Sin embargo, se enfrentaba a un problema. Mientras que la temporada de cerezas duró habían vivido de las cerezas y habían recolectado todas las semillas para luego machacarlas en un polvo fino que pudieron consumir. Por lo tanto, no había una sola semilla que pudieran encontrar ni por todo el dinero del mundo.

En ese momento, uno de los húngaros que ni era Sipos ni uno de los hombres que estaban bajo inspección policiaca, recordó LA CEREZA. (Ya no estaba en contra de los demás; de hecho, estaba con ellos de cuerpo y alma y ansioso de poder ayudar.) Pero la cereza había crecido tan alta encima de la rama más alta del árbol que no pudieron alcanzarla la última vez. Y fue así que había permanecido donde estaba, marchita hasta el hueso.

Concluyeron que, en realidad, si se colocaban sobre los hombros de cada uno podrían bajar sin problemas la cereza solitaria. Trazaron todo hasta el último detalle. En la parte inferior quedó uno de los dos hombres que estaba bajo inspección policiaca, el de escaso cerebro, pero abundante en fuerza. Sobre sus hombros estaba el hombre que ni era Sipos ni estaba bajo inspección policiaca, sobre él el otro hombre que estaba bajo inspección policiaca, y al final estaba Sipos, un debilucho sin pecho.

Con mucho esfuerzo trepó hasta el tope de la columna compuesta de sus tres compañeros, y una vez allí, se estiró hasta más no poder. Pero, para el tiempo en que había alcanzado el tope, ya se había olvidado del porqué se había molestado en subir hasta allí de todos modos. Se le había ido completamente de la cabeza. Los otros le gritaban que arrancara la cereza seca, pero sin resultado alguno, porque era el que estaba medio sordo.

Estaban, pues, en un callejón sin salida. De vez en cuando los cuatro gritaban al unísono, pero, sin embargo, el problema persistió y todos permanecieron como estaban, un húngaro encima del otro.

Permanecieron como estaban, un cristiano encima del otro. Hemos estado en misión por los últimos 2000 años. ¿Nos hemos vuelo sordos y olvidadizos? ¿Recordamos todavía porqué hemos estado subiendo por el árbol?

Puede que todos seamos locos con la misión, pero, ¿habremos acaso olvidado la razón por la que estábamos trepando tan alto? Puede que algunos a los que hemos ayudado a alcanzar el tope del árbol de la misión se hayan vuelto sordos a la voz de Dios o hayan olvidado por qué están allí. Y si son los sordos, y los que han olvidado la meta original, los que están en la parte más alta del árbol, sépase que los que todavía la recuerdan, lo que hacen es gritarles a sordos allá arriba.

Piedras de Recordación de la
Breve Historia Nazarena en Hungría

Hay muchas historias de la Iglesia del Nazareno desde que comenzó en Hungría que se han convertido en nuestras historias de un minuto.

Los materiales de escuela dominical

Esta es una historia maravillosa para nosotros con un episodio corto que ocurre cada semana. Afecta a familias, escuelas e iglesias. Lo de "Por tanto, id... a todas las naciones... enseñándoles" está sucediendo. La iglesia global enseña a Hungría a través del material de escuela dominical. Es una piedra de recordación no sólo para Hungría sino para la iglesia global. A medida las iglesias participan en el Fondo para la Evangelización Mundial, están ayudando a proporcionar materiales didácticos publicados. Es una piedra de recordación para muchas denominaciones cristianas en Hungría, provista por la Iglesia del Nazareno Internacional. Se convierte en parte de la historia cristiana húngara por los nazarenos proporcionar este material. Creo que los pastores y los maestros religiosos de una variedad de iglesias —la Reformada, la Católica Romana, la Bautista, la Luterana, y otras— estaría de acuerdo, puesto que ordenan y enseñan regularmente de este material en las iglesias, las escuelas, y las guarderías infantiles.

Alabastro

La historia de Alabastro en Foldes es otra historia de un minuto. Una viuda ofreció el uso de su hogar como lugar para una pequeña congregación en Foldes, aunque apretados.

140

Introdujimos la idea de la ofrenda de Alabastro a la iglesia pensando que iríamos explicándosela poco a poco con la meta de recolectar una primera ofrenda quizá en un par de años. Queríamos que la gente se familiarizara con este ministerio nazareno y entendieran que podrían participar si querían unirse a una gran oportunidad para el Reino.

La congregación entendió la ofrenda de Alabastro como una práctica nazarena en la cual debían participar y comenzaron a recolectar dinero de una variedad de fuentes.

Una señora en la iglesia que era peluquera puso un tarro sobre el mostrador en el que los clientes podían echar propinas… para Alabastro. Cuando las personas le preguntaban, ella les explicaba el ministerio que proporciona edificios alrededor del mundo.

"Pero ustedes no tienen un edificio para la iglesia. ¿Por qué dar para que [gente que usted nunca conocerá] puedan tener uno?"

"Porque recibiremos algún día esa ayuda. Por ahora, damos lo que podemos para ayudar a otros".

Varias semanas después la congregación se puso a la voz con la oficina de distrito para preguntar dónde y cómo debían enviar el dinero.

"¿Qué dinero?"

"Recogimos la ofrenda de Alabastro. Queremos enviársela pronto para que puedan darla a donde sea necesario".

Así fue cómo, también nosotros, los nazarenos inexpertos de la primera generación, estábamos recibiendo de la peluquera un entrenamiento por vía rápida. Después de todo, los fondos de Alabastro no pueden esperar.

La primera ofrenda de Alabastro de Foldes fue maravillosa… más de lo que la mayoría de las iglesias nazarenas darían en lugares con economías más seguras. (Tenga presente que Hungría era pobre.) Con sus forintos (moneda húngara), la gente de Foldes estuvieron dispuestos a enviar sus corazones a su familia nazarena a cualquier país al que pudieran ayudar, aunque fuera un poco.

Los fondos de Alabastro con el tiempo ayudaron a construir el templo de la iglesia de Foldes, proporcionando así un testimonio real que "completó el círculo" de la influencia de Alabastro. Por supuesto, otras iglesias en Hungría también se han beneficiado de Alabastro.

Si usted es una nueva misión nazarena o un pequeño trabajo, no espere hasta que llegue a ser más grande o más vieja para participar. Cuanto más pronto comience, mejor. Su gente sentirá que son miembros de la familia que es la Iglesia del Nazareno. Este sentimiento de pertenencia viene no sólo por ser nutridos por la iglesia internacional, pero también por actuar como alguien que pertenece a esa iglesia. Usted tiene el derecho de participar en dar, enviar y en todas las demás tareas.

Vengo de una familia grande. Nunca he visto a mis hermanos menores querer ser tratados como "bebés"; siempre han querido actuar como sus hermanos más viejos y maduros. Hacían un esfuerzo extraordinario en crecer para llegar a ser como nosotros.

Hungría y otros lugares como los nuestros puede que sean distritos jóvenes o pequeñas naciones. ¡Respondamos al reto y actuemos de manera madura! Como iglesia, tengamos como meta imitar a los que sean más maduros y no volver a la infancia. No actuemos infantilmente, llorando, pidiendo, actuando como si fuéramos incapaces. Antes bien, hagamos todo lo esfuerzo posible por querer crecer, madurar y asumir responsabilidades.

El distrito de Hungría también quería participar en el envío de un equipo de Trabajo y Testimonio a otro país, pero era imposible hacerlo desde el punto de vista económico. Para por lo menos ayudar a nuestra gente a comprender esta gran idea, comenzamos a servir de anfitriones de equipos de Trabajo y Testimonio dentro del país mismo: una iglesia enviaba a un equipo a otra iglesia. ¿Podríamos decir que nuestro pequeño distrito ha enviado equipos de Trabajo y Testimonio? ¡En efecto!

El Señor motivó al presbítero Philip McAlister —quien entonces servía como coordinador de estrategia para Europa del Norte y superintendente del distrito de Hungría— junto al distrito de Alemania a ayudarnos. No estoy segura si la iglesia alemana es consciente de cómo nos ayudaron a convertirnos en un distrito que da. Teníamos reuniones de misiones y soñábamos con enviar un equipo, pero parecía inútil considerarlo.

Recibimos una llamada telefónica del presbítero McAlister diciéndonos que el distrito de Alemania quería enviar a un equipo y que incluso tenía el dinero para el proyecto, pero que el equipo no podía ir. Philip preguntó si nosotros iríamos.

Imre y yo no podíamos creer el plan maestro: fondos alemanes para el proyecto con fuerza laboral húngara. Así, pues, sucedió que el primer equipo de Trabajo y Testimonio se encaminó de Hungría a Poznán, Polonia, dirigido por los misioneros voluntarios Bob y Janet Miller. El equipo del distrito de Hungría pudo ir, servir y dar. ¡Gracias, distrito de Alemania! El área de Europa del Norte —formado de distritos maduros— nos nutrió, nos ayudó y nos enseñó como lo hace un hermano mayor.

¡Qué mejor manera de agradecer a Dios y a otros nazarenos por los muchos equipos maravillosos de Trabajo y Testimonio que nos visitaron —por proveer el financiamiento de los viajes, por el trabajo y por el compartir— que yendo nosotros mismos!

Otras historias incluyen cuando pudimos ir y evangelizar con música en Tirana, Albania; o cuando un equipo fue a Segesvar y a Cikmántor, Rumania, a ayudar con el ministerio de los niños.

¿Acaso no tiene que ver el ser cristiano y nazareno con la interconectividad, con el dar o el ser capacitados para dar, y con el participar o el ser capacitados para participar? ¡Eso es hacer misión juntos —no que algunos hagan misión por otros!

Alianza Teológica Wesleyana

La última historia de un minuto que quiero compartir es una piedra de recordación no sólo para la Iglesia del Nazareno, sino para un círculo más amplio de personas. Cuando la Iglesia del Nazareno comenzó trabajo en Hungría, nosotros como la primera familia nazarena húngara tuvimos el privilegio de ser parte de esa historia desde el principio. Aunque Imre y yo sabíamos que teníamos grandes líderes en la iglesia, esos líderes no vivían en el país. Nos sentíamos, pues, solos y aislados dentro de nuestro propio contexto.

En un inquieto tiempo de cambio en nuestro país, sentíamos que las diversas denominaciones intentaban hacer lo mejor que podían de ese tiempo, a veces a pesar de los unos y los otros.

La sospecha y el temor eran comunes. La agenda de trabajo del viejo régimen hizo que las iglesias se volvieran una contra otra, previniendo un trabajo fructuoso. Sin embargo, el comunismo no es la única fuerza que planta la sospecha y la riega para que crezca en desconfianza y traición.

Teníamos un gran amigo de nombre Charles Elliott que estaba aquí con otra organización wesleyana de misión. En un momento en que su carga de trabajo era liviana le pedimos que viniera y nos ayudara.

Mientras Charles nos ayudaba en la oficina de distrito, discutíamos juntos el sueño de que todos los wesleyanos se amaran unos a otros y trabajaran juntos. Preparamos una lista de cuáles de estos grupos podrían estar en el país y arreglamos una reunión con ellos en el tercer piso de la oficina de distrito nazarena. Charles invitó a otros grupos a que se nos unieran.

El 22 de junio de 1998 los líderes nacionales de siete iglesias y organizaciones de misión wesleyanas se sentaron con nosotros en la sala de reunión preguntándose qué sería lo que querríamos. Imre enumeró las tres metas que Charles, Imre, y yo habíamos desarrollado:

1. Conectarnos. Reunirnos regularmente y compartir lo que cada grupo estaba haciendo a fin de que pudiéramos unirnos en eventos tales como campamentos, etc. De esa manera no duplicaríamos esfuerzos, sino que utilizaríamos lo que pudiéramos y edificaríamos sobre ello.

2. Aunar esfuerzos en las publicaciones. No se estaba publicando nada wesleyano y de santidad en húngaro. Con esfuerzos conjuntos (un equipo conjunto y de voluntarios para la literatura, presupuestos financieros comunes) y con llevar a cabo conferencias teológicas para cultivar la teología en nuestra tradición, una terminología en húngaro se podría formar y refinar, produciendo así material original en nuestro contexto.

3. Esfuerzos conjuntos para desarrollar una educación teológica de calidad en la tradición wesleyana. Cada grupo haciéndolo por su cuenta sería un trabajo costoso y difícil. La colaboración haría realidad una educación teológica eficaz.

Los tres se sentían emocionados, pero extremadamente nerviosos. Los líderes wesleyanos nunca se habían sentado juntos antes; éramos extraños entre nosotros. Escucharon gentilmente, pero estaban sorprendidos. No conocían a los nazarenos, la denominación más joven y más pequeña en aquel momento. Suponía que pensaban que nuestras metas eran demasiado ambiciosas. El grupo estuvo de acuerdo con la primera meta, pero dijo no a las dos metas "mayores".

Una de tres no estaba tan mal. Comenzamos a reunirnos regularmente.

• Un año más tarde, en 1999, comenzamos a llevar a cabo pequeñas conferencias en las que presentábamos ensayos teológicos. En el año 2017 organizaremos la 14ta Conferencia Anual de Teología. Esto representará un gran diálogo entre las iglesias wesleyanas (Metodista Unida, Ejército de Salvación, Metodista Libre, Iglesia del Nazareno, etc.). Pero también teníamos conferencias en las que el diálogo era entre las iglesias wesleyanas y las otras iglesias evangélicas a través de la Alianza Wesleyana o en el seminario luterano con ensayos que comparaban a Lutero y Wesley, o en el caso de otro año, a Calvino y Wesley. También celebramos el 300 aniversario del nacimiento de Carlos Wesley con un día de conferencia y con la publicación de nuevos himnos de Wesley. Todo esto se hizo con esfuerzos conjuntos.

- Dos años más tarde, en 2001, comenzamos a publicar los 52 Sermones Normativos de Juan Wesley y hemos seguido publicando juntos desde entonces.

- Tras otros dos años, comenzó la primera clase con un cuerpo estudiantil, con una facultad, con las herramientas y con los medios de organizaciones miembro de la Alianza Wesleyana. Estudiantes nazarenos, sentados juntos con estudiantes de seis otras denominaciones en un salón de clase del Centro de la Metodista Unida, eran enseñados a partir de un currículo del European Nazarene College. Aprendían sobre el liderazgo eclesiástico con un profesor del Ejército de Salvación, sobre la teología, de un sociólogo, teólogo y pastor de la Metodista Unida, y sobre comunicaciones, de un periodista y teólogo de la Metodista Libre.

¿Cuántas oportunidades se habrían perdido si hubiéramos permitido que la enemistad gobernara? Había tantas iglesias alrededor nuestro que continuaban siendo hostiles las unas con las otras. El régimen que dictaba la hostilidad ya se había ido. Sin embargo, los grupos no recordaban por qué necesitaban odiarse unos a otros o por qué no debían trabajar juntos, sino que simplemente lo continuaban haciendo. Es una gran piedra de recordación haber hecho la decisión de ser humildes y trabajar juntos como Alianza Wesleyana.

En 2003 se celebró la primera asamblea oficial en Hungría para tomar la decisión de inscribir la Alianza de Iglesias Wesleyanas (ahora la Alianza Teológica Wesleyana). Trabajaríamos juntos en las áreas de la educación y las publicaciones, y para un mejor trabajo eclesiástico que abrazara nuestra herencia compartida. Hay un tiempo para todo, nos enseña el sabio, "tiempo de esparcir piedras, y tiempo de juntar piedras".[86] y "tiempo de romper, y tiempo de coser…"[87]

Hubo un tiempo en la historia de la iglesia en el que diversos grupos eclesiásticos se separaron unos de otros. Pero nosotros sentíamos que el nuestro era el tiempo de unirnos como grupos wesleyanos. Siendo que hay un tiempo para todo, oramos que esto también suceda en otras partes del mundo. La historia de la Alianza Wesleyana proyecta una manera sólida de edificar trabajo colaborativo con otros grupos wesleyanos en nuevos países.

Todavía es difícil creer que las tres metas —además de haber inscrito oficialmente la Alianza como entidad legal— se hayan convertido en realidad. Esto proporciona un contexto en el que nuestra obra nazarena se ha podido encajar, no sólo con profundo arraigue en el ADN nazareno, sino en la cultura húngara, y también se ha podido interconectar estrechamente con las iglesias húngaras y lo que Cristo hace en nuestro país. No estamos solos. Oramos que, aunque que la obra nazarena húngara sufra ataques del que está contra nosotros, sobrevivamos —no por causa de grandes individuos, sino porque desde temprano, su pequeño y joven trabajo estuvo interconectado profundàmente:

- Interconectados con la Iglesia del Nazareno global y porque verdaderamente hemos abrazado esta identidad a través de la enseñanza, las tradiciones, las prácticas y el reunirse en conferencias con su pueblo;
- Arraigados profundamente y contextualizados completamente en la cultura húngara. Estamos interconectados y colaboramos con las iglesias húngaras, evitando la imagen de una iglesia "traída por los misioneros" y teniendo la libertad y el espacio para encontrar lo que significa ser una iglesia húngara wesleyana y de santidad, sin moldes en los que se nos haya forzado. El trabajo

no crecerá hasta volverse en un árbol si se queda en un "recipiente misionero"; debe ser plantado en suelo nativo, incluso si hacerlo resulta traumático por causa del suelo y el viento.

- Interconectado como distrito. La interdependencia es una muestra de madurez cada vez mayor. Toma tiempo conseguirlo: crecer de dependencia total, a través de una etapa de independencia, y hasta la final concienciación de lo importante que es la interconectividad para el desarrollo continuo de la iglesia y su trabajo en la misión de Dios. Esto sólo ocurrirá mientras proveamos intencionalmente tiempo para el compañerismo y el aprender con otros dentro de nuestro propio contexto. Formar grandes tradiciones desde el principio y unirse como distrito consolida la identidad nazarena y la libera para que se forme. Las iglesias locales, a su vez, se convierten en lugares sólidos y atractivos para la gente nueva que alcancemos y quienes puedan unirse a nosotros en eventos de distrito, de jóvenes y de familias.

Iniciativa de Liderazgo

Como cualquier distrito joven —e incluso quizá como con los viejos— nos enfrentamos con el desafío de entrenar a nuevos líderes. El entrenamiento de líderes jóvenes nos ha sido una bendición. Cuando la región de Eurasia ofreció un programa llamado Iniciativa de Liderazgo (IDL), se lo ofrecimos a nuestro primer grupo de líderes jóvenes en 2009, después condujimos otro entrenamiento en 2013. En lugar de identificar líderes y lanzarlos a las aguas profundas de las tareas interminables del ministerio, los líderes recibieron dos años de entrenamiento y tutoría. A los que querían asumir roles continuos de liderazgo se les daba un año de entrenamiento bajo supervisión.

Esto ha ayudado a varios líderes jóvenes que no habrían tenido de otra forma el valor de asumir roles de liderazgo. Otros habrían carecido de la ventaja de líderes mentores que sirvieran junto a ellos y que los nutrieran. La historia de IDL ayuda a proyectar un mejor futuro para nuestros jóvenes, asegurando que no incurramos en las mismas equivocaciones en el futuro como en las que incurrimos en el pasado.

¿Cuál Es la Historia Suya?

"Debemos dejar algo detrás por lo que se nos recuerde en el futuro". ¿Qué podríamos dejar detrás por lo cual ser recordados? ¿Cuál es la piedra de recordación de la misión realizada por nuestra generación? ¿Qué dejamos detrás de nosotros? ¿Una semilla de cereza agria entre dos piedras? ¿Una pila de libros misioneros? ¿Un conjunto de sermones sentenciosos? ¿Orgullo cristiano? ¿Buenas estadísticas?

Las historias que he compartido en los capítulos anteriores son como las historias de un minuto de Orkény: fotos, reflexiones a partir de mi pasado, y mi actual experiencia con Dios. Me he remontado a la presencia de Dios detrás de la Cortina de Hierro, y las historias han querido referirse a un Dios que está presente detrás de las cercas, de los muros, y de los cordones policiacos. Las historias también han sido sobre los que permanecieron fieles y fueron testigos de Dios a todo el mundo, incluso —y especialmente— a los perseguidores y a los opresores. He compartido estas historias como un testigo presencial.

Así pues, ¿cuál es su historia de un minuto?

ACTÚE

- Aquellos que miran cómo cada uno de nosotros corre su carrera espiritual son los testigos presenciales de nuestras vidas. Aquellos que consideremos enemigos del cristianismo —sin importar el sistema bajo el cual vivamos— son testigos presenciales de la historia de Dios. Hágase, pues, usted las siguientes preguntas:
  - ¿Es mi historia de vida como persona de Dios una historia misional para los que adoran a otros dioses?
  - ¿Cuál es mi herencia?
  - ¿Qué dejo detrás de mí para ser recordado como persona de Dios?
- Considere qué símbolo representa verdaderamente una piedra de recordación de la misión de Dios para usted —lo que usted ha hecho, por qué lo ha hecho y cómo se relaciona con la historia de Dios. Ahora, haga con ese símbolo una piedra de conmemoración. (La única regla es que no utilice una cereza agria entre dos piedras; todo lo demás aplica.)

CAPÍTULO 13

LA PÁGINA DE LOS TESTIGOS

"[Y] me seréis testigos...".[88] Esto no es sólo un mandato —ciertamente tampoco una amenaza, incluso cuando se considere su costo— es también una promesa. Seremos testigos.

A través de este libro he querido ser una testigo de la obra de Dios, compartiendo reflexiones de mi vida.

¿Cómo puede usted compartir su historia de vida de una manera tal que no sea el héroe principal, contándola con Cristo como el centro? Cuándo usted cuenta su historia, ¿cuenta todo lo que vio, oyó y experimentó como un testigo que es parte de la historia de la salvación? ¿Cuál es su historia de la misión de Dios —en su tiempo y lugar?

Si usted nunca ha relatado de nuevo su historia como parte de la historia de la salvación, comience ahora relatándosela a usted mismo y a los demás. Usted no puede vivir de nuevo su vida, pero sí puede relatarla de nuevo. Compartir con otros las historias de otras personas es excelente; así uno se hace portador de buenas nuevas. Sin embargo, es igualmente de importante que otros escuchen la suya.

Hace varios años nuestro grupo de formación espiritual en mi iglesia comenzó un ejercicio que todavía lo continuamos: relatamos de nuevo nuestras historias. Hemos oído ya antes las historias de los demás —y las nuestras— pero relatamos de nuevo, una y otra vez, cómo Dios se nos dio a conocer y las cosas que sucedieron en nuestro tiempo. Relato de nuevo mi historia una y otra vez; otros hacen lo mismo. La meta es que conozcamos de memoria las historias de cada uno y que cada historia se vuelva una parte auténtica de la historia de Dios —en nuestro tiempo y en nuestro lugar. Estamos compilando oralmente la obra de Dios: recordando, enseñando la historia de Dios a otros y con otros, y glorificando a Dios para su obra en y a través de nosotros.

Si usted observa, las cuestiones cruciales alrededor de los más grandes eventos de la salvación como la resurrección y el Pentecostés, no fueron los hechos como tal:

La Pascua de Resurrección: todo el mundo conocía los hechos; todo el mundo hablaba de ellos. Los discípulos de Emaús no cuestionaron ninguno de los hechos.

El Pentecostés: todo el mundo oyó y vio los eventos y tenía su opinión. La multitud no cuestionó los hechos sobre los eventos del día. Fue en la interpretación en lo que difirieron.

En ambas ocasiones la pregunta crucial era, "¿Qué quiere decir esto?"

En este día de globalización todos en el mundo tienen acceso a más información que la que podríamos jamás imaginar. Los eventos son difundidos o publicados de un extremo del mundo al otro. Muchos de nosotros estamos conectados vía el Internet. La pregunta a los "profetas de esta era", a los discípulos de hoy, a los testigos presenciales de los eventos mundiales de hoy es la siguiente: ¿podemos interpretarlos? ¿Qué significan? La interpretación correcta de un testigo se da desde la perspectiva de la historia de la salvación.

Debemos añadir nuestras historias a las historias de salvación de otros a fin de que las recordemos y aprendamos de ellas. Además, a medida compartimos estas historias repetidas veces, puede que oigamos a nuestros hijos decir, "En nuestras vidas no está sucediendo nada". Si usted conoce las historias, puede responder con numerosos eventos interesantes que suceden alrededor suyo y a través de otros.

Hay tomos de información compartidos actualmente, incluso en este libro de misiones. Sin embargo, usted todavía necesita ser un testigo y decir lo que oyó, lo que vio, lo que experimentó, y hacer sentido de ello. Ayude a otros a entender lo que significa su historia en la historia de la salvación.

Durante mis años de escuela primaria y secundaria, mis hermanos y yo éramos maltratados por causa de nuestra fe y del ministerio de la familia. Nos golpeaban, nos humillaban muchas veces, y éramos atropellados por los profesores delante de otros estudiantes. Cuando mis amigos en clase trataban de confortarme ofreciendo palabras amables, los castigaban. La orden era dada: nadie puede hablar con Mária ni ayudarle.

Cuando estaba en la escuela secundaria, gané competencias en la lengua rusa. Competí en diversos niveles y gané en cada nivel. El máximo premio era un viaje a Leningrado (hoy San Petersburgo) por un mes.

Antes del viaje me llamaron a la oficina del director (principal) del gimnasio.[89] Allí se encontraban mi profesor, el director, otros miembros del profesorado y el secretario de cultura para el condado. El secretario de cultura vino específicamente para dejarme saber que no se me permitiría representar a mi país ni ser nombrada como la ganadora del premio. La razón detrás de esto era mi trasfondo familiar, el cual traería vergüenza a Hungría por yo ser cristiana. Me dijo que el que llegó en segundo lugar haría el viaje.

Mi profesora sabía cuánto yo había trabajado y cuánto amaba la lengua rusa. Ella había trabajado también muy arduamente conmigo y se enojó mucho. Antes de que me integrara a la reunión, e incluso mientras permanecí de pie frente al grupo, mi profesora se manifestó diciéndoles que la decisión no era correcta y que se me debía permitir ir, incluso si ideológicamente yo no era alguien de común acuerdo con el comunismo. Lo cierto era que expresarse ella de esa manera la exponía a la acción disciplinaria, a ser desafiliada del partido y a otros desafíos.

El secretario de cultura del condado se dio vuelta y me dijo, "Mientras yo esté en el cargo, usted nunca tendrá la oportunidad".

Oía muchas veces esa expresión en mi niñez.

Así que, la persona que llegó en segundo lugar pasó un mes en Leningrado. Yo me quedé en casa.

Apenas hace unos días de hecho me encontré con mi profesora de ruso y de literatura de la secundaria después de muchos años. Ella, un ex miembro del partido, me contó la historia desde su perspectiva. Le dije que a veces pienso que en realidad no sucedió, porque de verdad he querido olvidar el recuerdo.

Mi ex profesora me dijo que, en efecto, yo tenía el trasfondo familiar incorrecto, que mi padre, como pastor, tenía el peor trabajo posible, y que pensaban que por ser creyente sería la peor representante de Hungría en la Unión Soviética. Cuán bien había hecho en mis estudios no importaba. También me dijo que, después de que salí del sitio, intentó pasarse de lista disputando con los responsables en el sentido de que quizá si un creyente iba a la Unión Soviética, el comunismo tendría algún efecto sobre mí y que era una oportunidad. Mi profesora tuvo que enfrentar consecuencias por defenderme.

Le expliqué a mi ex profesora que, por un año, tuve la oportunidad excepcional y feliz de ser la pastora de una joven pareja de San Petersburgo en la Iglesia del Nazareno mientras vivieron en Budapest. Supongo que, "mientras que Dios esté gobernando", nada es imposible.

Incluso hoy, puede que usted viva en una situación que podría causar humillación o castigo por orar en público, por darle a alguien una Biblia, por tener una cruz en un algún edificio público, o por saludar a alguien con saludo cristiano.

Como testigo presencial, cada día usted está escribiendo su diario de misión. No se conforme con ver el mundo como un turista —desde afuera— sino como *testigo presencial*; comprométase con el mundo que lo rodea. Después de todo, usted no tiene una visa turística en esta tierra, sino una visa de trabajo. Usted está en una misión.

Actúe

- ¿Qué clase de narrador es usted? ¿Cuál es su narrativa de la obra de Dios?

- ¿Cuáles son sus salmos, sus reflexiones, sobre la obra de Dios?

- Comparta sus experiencias con Dios dentro de su comunidad de fe. Sea consciente e interprete las acciones de Cristo en su vida.

- A medida usted experimenta los eventos mundiales - migraciones de gentes, terrorismo, nuevas maneras de opresión, hostilidad al cristianismo o persecución —¿cómo interpreta lo que está sucediendo, y qué les dice a otros en cuanto a eventos de su pasado que ayude a otros a entender sucesos actuales?

- ¿Qué usted contestaría si Jesús le preguntara a su iglesia o familia hoy, "¿No entendéis ni comprendéis? ¿Aún tenéis endurecido vuestro corazón? ¿Teniendo ojos no veis, y teniendo oídos no oís? ¿Y no recordáis?"[90]

CAPÍTULO 14

EL MURO DE LOS TESTIGOS

MUROS. Hay diversos muros. El Muro de Berlín, el de separación. Y en los dos lados de ese muro:

- El Muro de las Víctimas, y
- El Muro de los Victimarios

Con todo, hay un muro más allá de estas dos categorías: el Muro de los Testigos. No quiero pensar en mí misma simplemente como víctima de un régimen en la historia de la humanidad. Soy una *testigo presencial* de lo feo, pero también de lo hermoso, del pecado humano, pero también del milagro de Dios.

Si el retrato de usted colgara en uno de estos muros, ¿en cuál sería?

Las personas de otras generaciones lloraron por un espacio para usted en el Muro de los Testigos.

Hay eventos que necesitamos recordar. Hay también eventos que necesitamos olvidar, poniéndolos a un lado como basura o contándolos como pérdida: una niñez y una juventud perdidas, oportunidades perdidas, basura que fue puesta en su vida sin su permiso. La historia de la humanidad hace esto a las naciones, a las familias y a los individuos.

"**… Despojémonos de todo peso, y** del pecado que nos asedia, y corramos con paciencia la carrera que tenemos por delante".[91] No podemos correr por la misión si tenemos el peso del pasado que nos frena.

El pasado es nuestro. Las promesas de Dios para el presente y el futuro son nuestras, no importa lo que traigan. Cristo es nuestro, y nosotros de Él.

¡Vaya! ¡Corra!

ACTÚE

- Si usted se ve como víctima en su historia, ¿cómo eso distorsiona su participación en la misión de Dios y la manera de relacionarse con Dios y con los demás? Pida curación y entendimiento para que sus ojos se abran para ver a Dios actuar en su historia. Experimente la verdad y la libertad que son suyas y libérese para la misión para todos, incluso para los que usted ha considerado sus enemigos. Desde la situación suya como víctima, conviértase en testigo.

- Si usted sabe que fue, ha sido o es parte de un grupo de victimarios, abogue a nombre de su pueblo y busque restauración y perdón de Dios para su pueblo. Pida que Dios lo sane, que sus ojos sean abiertos, y que pueda ver el mundo, no desde la posición del victimario y la altura de su orgullo humano, sino como Dios ve al mundo. Busque la verdad de Dios que pueda liberarlo. Solamente Él puede liberarle del pasado y vaciarle de su percibido poder sobre otros. Él es el que puede liberarle para la misión. Él puede tomarle de su posición fuerte, orgullosa y abusiva y hacerlo su testigo.

- He preparado un Muro de Testigos para el cierre de este libro. ¿Puede imaginarse su retrato en ese muro? Es un muro de testigos, no de la fama. Es desconocido, pero con todo bien conocido: desconocido para y por el mundo, pero conocido por el Padre. Oro que usted pueda remover su retrato del Muro de las Víctimas o de los Victimarios al Muro de los Testigos.

Un Muro de Testigos

"[P]or honra y por deshonra, por mala fama y por buena fama; como engañadores, pero veraces; como desconocidos, pero bien conocidos; como moribundos, mas he aquí vivimos; como castigados, mas no muertos; como entristecidos, mas siempre gozosos; como pobres, mas enriqueciendo a muchos; como no teniendo nada, mas poseyéndolo todo".

2 Corintios 6:8-10

IMAGÍNESE
SU
RETRATO
AQUÍ

Una Invitación

Algunos de nosotros nos encontraremos en la Asamblea General de 2017. Por medio de los que vengan de los países de detrás de los muros, de las cercas, de las fronteras, de las cortinas y de los cordones policiacos, todos nos reuniremos bajo el lema, "Un Cuerpo, un Espíritu, una Esperanza, un Señor, una Fe" para todas las naciones.

Recordemos que todos trabajamos en hacer discípulos semejantes a Cristo en las naciones, bajo diversas circunstancias. Para algunos, asistir a la Asamblea General será una experiencia curativa —un aliento, un toque de amor, un recibir fuerzas para regresar y para seguir adelante. Para ellos, no será simplemente un gran evento social, bonitos servicios, sermones e informes excelentes, y una música hermosa. Será supervivencia, comida, agua que apaga gran sed por el pueblo de Dios. Se empaparán en la comunión de los unos con los otros. Puede que no entiendan porqué algunos de los asistentes son retraídos, lo toman todo a la ligera, y no aprovechan cada herramienta y cada oportunidad que se les provee.

Si su historia en este momento está entre los que "tienen", diga presente en la Asamblea para desarrollar compañerismo con otros, darse de sí mismo y ser un aliciente. No exprese su lástima, sino su amor.

Preparémonos. Vengamos, pues, juntos y contentos en Cristo, y repitamos las palabras de Pablo: "Sé vivir humildemente, y sé tener abundancia; en todo y por todo estoy enseñado, así para estar saciado como para tener hambre, así para tener abundancia como para padecer necesidad".[92]

Es bueno y apropiado compartir la alegría y el problema de alguien más. Todos nos necesitamos unos a otros —¡qué gran don el reunirnos juntos! Somos un pueblo de "una misión": que nadie perezca —ni los opresores, ni aquellos responsables de la crucifixión, y ni siquiera los guardias a los pies de la cruz. Que ni una sola alma se pierda en ninguna de las naciones.

"No perdáis, pues, vuestra confianza, que tiene grande galardón; porque os es necesaria la paciencia…"[93]

APÉNDICE

Más Sopas Cremas

Algunas de las sopas de fruta se cocinan, y después se enfrían antes de servir. Se hacen de frutas como la cereza agria, la manzana, el ruibarbo, etc.

Sopa Crema de Manzana

Ingredientes:
6 – 7 manzanas
2 – 3 cucharadas de azúcar
3 litros (3 cuartos de galón) de agua
2 decilitros (¾ taza) de crema agria
2 cucharadas de harina
1 paquetito de azúcar de vainilla (12 gramos; aproximadamente
   ½ onza)

Preparación:
1. Pele las manzanas y córtelas en cubitos.
2. Hierva el agua con el azúcar.
3. Mezcle la crema agria con la harina.
4. Ponga los cubitos de manzana en el agua hirviendo.
5. Retire la sopa de la estufa y vierta la crema agria, revolviendo hasta que espese.
6. Añada el azúcar de vainilla.

Otra Sopa Crema de Manzana

Ingredientes:

60 decagramos de manzanas agrias (1⅓ de libras)

Cáscara rayada de limón (aproximadamente 1 cucharada)

1 palito de canela

2 nueces moscada

1 pizca de sal

6 decagramos (3¾ cucharadas) de azúcar

2 decilitros (¾ taza) de crema agria

3 decagramos (1¾ cucharadas) de harina (o 2 yemas de huevo)

1.5 litros (6 tazas) de agua

Preparación:

1. Pele las manzanas y córtelas en rebanadas finas.

2. Ponga las manzanas en el agua fría con todas las especias, y cocínelas. (Puede querer poner las especias en un bolso de cocinar extraíble.)

3. Cuando las manzanas se ablanden, extraiga las especias (o el bolso con las especias) y retire la cacerola u olla de la estufa.

4. Mezcle la crema agria con la harina y añádalas a la sopa, revolviendo constantemente. Mézclelo bien. (Puede también utilizar las yemas de huevo para espesar la sopa en vez de la mezcla de la crema agria y la harina.)

5. En verano, vierta la sopa en un bol o cuenco de servir y coloque el bol en una cama de hielo para servirlo.

6. En invierno, sirva la sopa a temperatura ambiente o caliente.

7. La misma receta se puede utilizar con cerezas agrias, pero hay que añadir más azúcar (10–15 decagramos; 3.5–5 onzas).

Sopa Crema de Nectarina

Ingredientes:
30 decagramos (10.5 onzas) de nectarinas
3 decilitros (10 onzas líquidas) de agua
1 decilitro (3.4 onzas líquidas) leche (1.5% de grasa)
1 huevo, separado
½ cucharada de canela
Endulzante líquido o miel (al gusto)
150 gramos (5 onzas líquidas) de yogur (1.4%)
1 cucharada de jugo de limón fresco

Preparación:
1. Pele y rebane las nectarinas
2. Añada el jugo de limón, la canela y la miel/endulzante al agua en una cacerola u olla, y cueza la fruta al vapor.
3. Cuando se cocina la fruta (pero no pastosa), permita que la fruta y el agua se refresquen y después mezcle bien.
4. Añada la leche, el yogur y la yema de huevo y después bata hasta que esté espumoso.
5. Bata la clara de huevo por separado hasta que espese.
6. Añada delicadamente la clara de huevo batida a la sopa.
7. Refrigere la sopa por 1 – 1.5 horas. (La sopa no sólo se refrescará, sino que se pondrá más cremosa.)
8. Sirva la sopa enfriada y adórnela con pedazos de fruta.

Sopa Crema de Fresa-Cereza Dulce

Ingredientes:

½ taza de fresas

⅔ taza de cerezas dulces

1⅔ taza de leche fría

¾ taza de crema

4 cucharadas de azúcar

1 pizca de sal

1½ tazas de agua

10 clavos enteros

1 palito de canela

1 cáscara de limón

Preparación:

1. Quite las semillas de las cerezas.
2. Mezcle y triture ambas frutas en una licuadora.
3. Pase la mezcla a través de un cedazo o colador. Retenga el jugo filtrado de las frutas.
4. Añada la leche fría, la crema, el azúcar y la sal al zumo o jugo de fruta.
5. Prepare las especias cocinando los clavos, el palito de canela y la cáscara de limón en agua por 5 minutos.
6. Deje enfriar el agua de especias y luego viértala en la sopa de crema de fruta a través de un cedazo, colador o tamiz; después revuélvala.
7. Sirva la sopa crema fría, con crema batida y pedazos de fruta.

Sopa Crema de Cereza Agria

Aproximadamente para 4 personas
Olla de cocina de 2 litros (2 cuartos)

Ingredientes:
1 litro (34 onzas líquidas) de agua
1 lata (680 gramos; 24 onzas) de cerezas acidas
Azúcar (según el gusto)
Canela (al gusto)
2–3 piezas de clavo (al gusto)
3 decilitros (10 onzas líquidas) de crema batida
1 paquete (40 gramos; 1.5 onzas) de pudín de vainilla instantáneo

Preparación:
1. Vierta la lata de cerezas acidas en la olla, añada el agua, y la sazone con el azúcar. Añada la canela y el clavo según el gusto. Traiga a ebullición fuego medio.
2. Mientras que espera que la sopa crema hierva, revuelva el pudín con la crema batida hasta que suavice.
3. Después de que la sopa hierva, retírela del fuego y permita que se refresque. Cuando esté tibia, remueva 2 decilitros (aproximadamente 7 onzas) de la sopa de cereza acida y mézclela bien con el pudín; después añada la mezcla a la sopa restante.
4. Sirva la sopa tibia o fría con crema batida encima.

Sopa de Crema de Castaña con Cereza Agria o Guinda
(Para 4 personas)

Nota: Esta sopa cremosa y agradable es muy fácil de preparar, lo que es una ayuda durante la época navideña en que todo el mundo está demasiado ocupado. Es buenísima para su sopa de Nochebuena como alternativa; tiene un aroma irresistible.

Ingredientes:
5 decagramos (5.3 onzas) de cereza agria (de lata, sin semillas y escurrida)

1 decilitro (3.4 onzas líquidas) de agua

Unas gotas de extractos/sabores artificiales[94] para cocinar (vainilla, ron sin alcohol o algún otro extracto)

9 decilitros (30.4 onzas) de leche con 2.8% de grasa

1 vaina de vainilla (raspe las semillas de la vainilla de ambas mitades)

1 cucharada de pudín en polvo para espesar (no de inmediato; la vainilla le va bien)

1 decilitro (3.4 onzas líquidas) de leche con 2.8% de grasa

25 decagramos (8.8 onzas) de puré de castaña

¼ cucharadita (1 mililitro) de canela en polvo

2 cucharadas de miel (preferiblemente miel de "poliflora")

Preparación:
1. Escurra la cereza agria enlatada, quitando las semillas de ser necesario.
2. Mezcle el extracto o los sabores con la cantidad necesaria de agua (según el paquetito del extracto lo indique), y remoje las cerezas por 2 horas.

3. Caliente lentamente la cantidad mayor de leche, revolviendo las semillas de la vainilla en ella.

4. Mezcle la cantidad más pequeña de leche con el polvo del pudín.

5. Añada el pudín a la mezcla de leche-vainilla caliente, mezclándolo bien. Continúe calentándolo hasta que hierva.

6. Desmenuce el puré de castaña en la sopa.

7. Retire la sopa hirviendo de la estufa y utilice un mezclador de cocina para suavizar la sopa.

8. Ponga la sopa de nuevo en la estufa, y añada la canela y la miel.

9. Mientras que la sopa se está cocinando, asegúrese de revolverla bien.

10. Escurra las cerezas del líquido del extracto, y deseche el líquido.

11. Añada las cerezas a la sopa, trayéndola a ebullición otra vez; después, retírela del fuego.

12. Permita que la sopa se refresque a la temperatura ambiente y después enfríelas.

13. Sirva la sopa con crema batida y tajadas de naranja.

14. Sirva la sopa fría o caliente.

Sopa Crema de Ruibarbo

Ingredientes:

1 paquetito de azúcar de vainilla (12 gramos; aproximadamente
½ onza)

8 – 10 tallos de ruibarbo

2.5 – 3 litros (2.6 – 3 cuartos de galón) de agua

1 limón (que no sea amargo, si no, use jugo de limón)

2 – 3 decilitros (7 – 10 onzas) de crema agria

1 cucharada de harina (no me gusta la sopa demasiado espesa;
si la quiere más espesa, utilice de 2 a 3 cucharadas de harina;
también depende de lo espesa que sea la crema agria)

2 – 3 cucharadas de azúcar (azúcar de caña) —cantidad al gusto

Preparación:

1. Limpie el ruibarbo (corte las hojas y deséchelas) y lávelo.
2. Corte el ruibarbo en rodajas.
3. Cocine el ruibarbo en agua hasta que la fruta esté media blanda.
4. Pele un pequeño limón, rebánelos en círculos, y échelos en la sopa.
5. Añada el paquetito de azúcar de vainilla.
6. Mezcle la crema agria y la harina, y vierta la mezcla en la sopa, revolviendo bien.
7. Añada el azúcar (el azúcar de caña es la mejor). Es importante añadir el azúcar tarde; si no, se quema.
8. Traiga la sopa a ebullición, revolviendo constantemente.
9. Sírvala fría o caliente.

Créditos de las Fotografías

Prefacio: Mapa de Europa, diseñado por Freepik
Prefacio: Teclado Húngaro. Creative Commons Specialkeys hungarian keyboard.jpg por Cserlajos se autoriza bajo cc BY-SA 3.0
Capítulo 2: Biblia azul; foto personal de la autora
Capítulo 3: Muro de las Víctimas, Shutterstock
Capítulo 3: Refugiados; foto personal de la autora
Capítulo 3: Servicio Bautismal; foto personal del autor
Capítulo 3: Servicio Bautismal; foto personal de la autora
Capítulo 3: Casa del Terror, Shutterstock
Capítulo 9: El Ángel de Papel, WordAction Publishing Company, Kansas City, Missouri. Utilizado con el permiso de la publicadora.

NOTAS

[1] El nombre completo de Mária en húngaro es Gusztinné Tulipán Mária. Gusztin y Tulipán son apellidos. El primero es el apellido del esposo, y el apellido de Mária fue añadido en la boda. El "- né" significa "señora".

[2] Los miembros principales de la familia de lenguas urálicas son el finlandés, el estonio, el samoyedo (lapón) y el húngaro. A los idiomas urálicos se les llama a veces lenguas "ugrofinesas" y se hablan en Siberia, en la Rusia europea y en Europa Oriental. El finlandés, el húngaro y el estonio se distinguen por ser los únicos idiomas europeos principales que no forman parte de la familia indoeuropea. Las tribus que diseminaron los idiomas urálicos a través de Europa y de Asia se originaron probablemente en los Montes Urales (de ahí el nombre de "urálicos").

[3] Algunas de las más conocidas palabras castellanas de origen húngaro son probablemente: paprika (del servo-croata papar, "pimienta", y del diminutivo húngaro "- ka), coach (de kocsi, originalmente kocsi szeker, o "automóvil de/en el estilo de Kocs"), y sabre (de szablya).

[4] El comunismo gulash se refiere a la clase de comunismo practicado en la República Popular Húngara a partir de los años 60 hasta el derrumbe del comunismo centroeuropeo en 1989. Con elementos de la economía del mercado libre y de una situación mejorada de los derechos humanos, representó una reforma callada y una desviación de los principios soviéticos aplicados a Hungría en la década anterior. [Para más hecho, vea: https://es.wikipedia.org/wiki/Comunismo_gulash.]

[5] Números 13 – 14

[6] Hebreos 12:1a

[7] www.nazarenemissions.org

[8] www.ncnnews.org

[9] www.engagemagazine.com

[10] Henri Nouwen, Reaching Out: The Three Movements in the Spiritual Life (New York: Doubleday, 1975), 68.

[11] El azúcar de vainilla se puede comprar o preparar en casa. Combine aproximadamente 2

tazas de azúcar blanca con las semillas extraídas de un haba de la vainilla. O añada 1 a 2 habas de vainilla completas a un tarro hermético que contenga 1 a 2 tazas de azúcar blanca; deje la mezcla añejarse por aproximadamente 2 semanas; substituya el azúcar a medida se utiliza y las habas durarán indefinidamente.

12 Un sitio del Patrimonio Mundial es un punto de referencia que ha sido reconocido oficialmente por las Naciones Unidas, específicamente por la UNESCO. Los sitios se seleccionan por tener importancia cultural, histórica y científica, o por tener alguna otra forma de significado, y son protegidos legalmente por tratados internacionales.

13 Filipenses 4:11 − 13

14 Mateo 27:54

15 Apocalipsis 1:8-9. Llama la atención que el poeta ruso Vladimir Mayakovsky pudo haber paralelado algo de este pensamiento cuando escribió, "Lenin vivió, Lenin vive, Lenin vivirá para siempre".

16 Basado en Hechos 9:4 − 5.

17 Juan 15:19

18 2 Timoteo 3:12

19 Juan 15:20

20 Hebreos 13:3, NVI

21 Llamaban a todo ministro un sacerdote.

22 Marcos 8:36

23 Mateo 25:42

24 El nombre de la iglesia se omite para evitar no hablar contra nadie.

25 C.S. Lewis. Mere Christianity [Cristianismo y nada más] © 1952, www.dacc.edu/assets/pdfs/PCM/merecristianaitylewis.pdf (se hizo acceso el 27 de septiembre de 2016), 53.

26 Hebreos 10:34 − 36

27 Hechos 2:9 − 11a

28 Hechos 2:12

29 Hechos 2:13

30 Hechos 2:12

31 Hechos 2:37

32 Romanos 12:20, NVI

33 Mateo 18:21 − 25

34 Hechos 2:22

35 Hechos 2:36

36 Hechos 2:39

34 Ezequiel 18:23

38 Jonás 4:1 − 2

39 2 Pedro 3:9

40 Mateo 5:44

41 Filipenses 2:15 − 17

[42] Győrfy, Károly, Keresztényüldözés a 21. század elején. Kairosz Kiadó, Budapest, 2015.

[43] Romanos 2:24

[44] Apocalipsis 12:11a

[45] Apocalipsis 12:11b, NVI

[46] Juan 14:6

[47] Salmos 34:8, NVI

[48] Hechos 2:12

[49] Hechos 2:37

[50] Mateo 20:20 — 28

[51] Szabolcs es uno de los condados más viejos de Hungría. Está en la parte noreste del país.

[52] Hechos 2:17 — 18

[53] Mateo 23:15

[54] Salmos 119:71

[55] Hebreos 5:7 — 8

[56] Lucas 6:41 — 42

[57] Lucas 12:7

[58] Salmos 139:1 — 5

[59] Salmos 139:6

[60] Juan 16:27

[61] Juan 14:1 — 3

[62] Busingen, Alemania, es una ciudad alemana rodeada totalmente por Suiza.

[63] 1 Juan 1:3

[64] Deuteronomio 11:18 — 23

[65] 1 Pedro 5:8

[66] 2 Pedro 3:9

[67] Hechos 10:9 — 23a

[68] En aquel entonces los húngaros llamaban a los rusos "enemigos" o "falsos hermanos".

[69] Resultaba que era un occidental, pero esa sería la última palabra con la que yo lo describiría.

[70] Jeremías 32:38

[71] Juan 13:35, NVI

[72] Filipenses 2:7 — 9

[73] Letanía compuesta por el cardenal Rafael Merry del Val (1865-1930)

[74] Mateo 5:5

[75] Los materiales de escuela dominical a los que aludimos aquí son materiales en inglés que producía la empresa editorial WordAction, una organización sin ánimo de lucro que proporciona un currículo relevante de escuela dominical y materiales para pequeños grupos que les permiten a las personas de todas las edades descubrir la palabra de Dios. WordAction es parte de la Nazarene Publishing House, en estos momentos la editorial de currículos de escuela dominical wesleyanos de santidad más grande del mundo (www.nph.com).

[76] Filipenses 1:6b

[77] Mateo 28:19

[78] Lucas 21:1−2

[79] Zacarías 4:10, BLA

[80] Hebreos 10:35

[81] Este fue el tiempo en el que la era de Nicolae Ceausescu estaba por terminar en Rumania.

[82] 2 Corintios 6:11b−13

[83] Éxodo 23:9

[84] Mateo 18:23−35

[85] Örkény, István, "The Last Cherry Pit", en One Minute Stories, Corvina Books Ltd. And Brandl & Schlesinger of Syney, 1996. (Título original en húngaro: Az utolsó meggymag, Traductora al inglés: Judit Sollosy). Usado con permiso.

[86] Eclesiastés 3:5a

[87] Eclesiastés 3:7a

[88] Hechos 1:8

[89] El gimnasio es un tipo de escuela con un fuerte énfasis en el aprendizaje académico y que proporciona enseñanza secundaria avanzada en algunas partes de Europa y del CIS; se comparan a las escuelas secundarias británicas, a los colegios de la forma sexta, y a las escuelas secundaria preparatorias de los Estados Unidos. En su significado actual, el gimnasio se refiere generalmente a las escuelas secundarias centradas en la preparación de estudiantes para entrar en una universidad para el estudio académico avanzado. https://en.wikipedia.org/wiki/Gymnasium_(school) N. pág. Web. 23 de noviembre de 2016.

[90] Marcos 8:17−18

[91] Hebreos 12:1b

[92] Filipenses 4:12

[93] Hebreos 10:35−36a

[94] Yo uso los aromas (extractos/saborizantes) del doctor Oetker. Son aromas/saborizantes sin alcohol para cocinar y hornear que el que cocina diluye con agua. Pueden comprarse en línea.

www.ingramcontent.com/pod-product-compliance
Lightning Source LLC
Chambersburg PA
CBHW031533040426
42445CB00010B/514